AF330742

UNIVERSITÉ DE PARIS. — FACULTÉ DE DROIT

ESSAI
SUR LE BLOCUS MARITIME
EN TEMPS DE GUERRE

THÈSE POUR LE DOCTORAT

L'ACTE PUBLIC SUR LES MATIÈRES CI-APRÈS

sera soutenu le Lundi 20 Novembre 1899, à une heure

PAR

Gaston COMPIN

Président · M. RENAULT, *Professeur.*

Suffragants : { MM. LESEUR, PILLET, } *Professeurs.*

PARIS

LIBRAIRIE NOUVELLE DE DROIT ET DE JURISPRUDENCE

ARTHUR ROUSSEAU, ÉDITEUR

14, RUE SOUFFLOT ET RUE TOULLIER, 13

1899

THÈSE POUR LE DOCTORAT

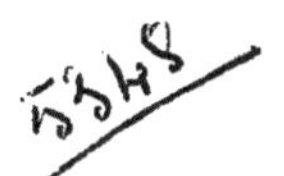

ESSAI
SUR LE BLOCUS MARITIME
EN TEMPS DE GUERRE

THÈSE POUR LE DOCTORAT

L'ACTE PUBLIC SUR LES MATIÈRES CI-APRÈS

sera soutenu le Lundi 20 Novembre 1899, à une heure

PAR

GASTON COMPIN

Président : M. RENAULT, *Professeur.*

Suffragants : { MM. LESEUR, PILLET, } *Professeurs.*

PARIS

LIBRAIRIE NOUVELLE DE DROIT ET DE JURISPRUDENCE

ARTHUR ROUSSEAU, ÉDITEUR

14, RUE SOUFFLOT ET RUE TOULLIER, 13

1899

A MON PÈRE

ESSAI SUR LE BLOCUS MARITIME

EN TEMPS DE GUERRE

INTRODUCTION

DÉFINITION DU BLOCUS. — SON FONDEMENT JURIDIQUE

Le blocus maritime est une mesure de guerre qui consiste dans l'investissement d'un port, d'une rade ou d'une embouchure de fleuve par les forces navales d'un État dans le but d'empêcher toute communication avec la pleine mer. De même que, dans la guerre continentale, l'un des belligérants a le droit d'investir les places fortifiées appartenant à son adversaire pour l'amener à se rendre, de même, dans la guerre maritime, il est permis de bloquer un port ennemi afin d'interrompre toute relation commerciale avec ce port, et, par suite, le priver de toute ressource et le réduire par la famine.

Mais il faut bien se garder de pousser l'analogie jusqu'au bout, car, dans la guerre maritime, le blocus s'étend généralement non seulement aux ports militaires, mais encore aux ports de commerce. En outre, dans l'investissement par terre, la place est cernée de toutes

parts (1) ; quand elle est simplement bloquée, elle ne l'est
évidemment que du côté de la mer et les communications
par voie de terre restent libres.

L'objet du blocus est d'affaiblir l'adversaire. Envi-
sagé dans les rapports des belligérants entre eux, c'est
une mesure évidemment très légitime et qui présente,
sur les autres moyens de nuire, cet avantage incon-
testable qu'elle n'entraîne directement aucune effusion
de sang, ni aucune de ces extrémités qui sont l'accom-
pagnement forcé des bombardements et des batailles.

Certains publicistes pensent que le blocus
peut être légitimement établi en dehors de l'état
de guerre et l'on a appelé blocus *pacifiques* les blocus ainsi établis. Notre siècle, en particulier, offre de
nombreux exemples de blocus de ce genre (2). La plupart des auteurs n'admettent pas la légitimité du blocus
pacifique et il résulte de la définition que nous venons

(1) Il n'en est autrement que dans le cas, très rare d'ailleurs,
où un port non bloqué est investi uniquement du côté de la
terre.

(2) Les principaux exemples de blocus pacifiques sont ceux
de Navarin, en 1827, par la France, l'Angleterre et la Russie,
celui de l'embouchure du Tage par la France en 1831, celui des
ports de la Hollande par la France et l'Angleterre, en 1833,
celui des ports du Mexique et de Saint-Jean d'Ulloa, par la
France, en 1838, celui des ports de la République Argentine par
la France et l'Angleterre, la même année, celui des ports de la
Grèce par l'Angleterre, en 1850, celui de Rio de Janeiro par
l'Angleterre, en 1862, celui de Formose par la France, en 1884,
et, en 1886, le blocus des côtes de Grèce par l'Allemagne, l'Angleterre, l'Autriche, l'Italie et la Russie.

de donner que nous sommes de leur avis. Ce blocus ne
se justifie ni au point de vue de l'humanité, ni au point
de vue du bon sens. D'abord, malgré sa dénomination,
il constitue une mesure de représailles assez meurtrière,
puisqu'elle a entraîné plus d'une fois des batailles (par
exemple à Navarin, en 1827) ou une déclaration de guerre
(par exemple le blocus des ports du Mexique et de Saint-
Jean d'Ulloa, en 1838). En outre, pour avoir des résultats effectifs, il doit être respecté par les États neutres.
Or, en dehors de l'état de guerre, il n'y a pas de neutralité, et l'on ne peut forcer les puissances tierces à
respecter un blocus. Si la mesure n'est imposée qu'à
l'adversaire, elle n'aura pas d'effets sérieux et n'entra-
vera son commerce que d'une façon anodine. D'ailleurs,
le blocus pacifique est un acte de force, un moyen peu
coûteux et très commode, toujours imposé à des peuples
faibles par de grandes puissances : par suite, il peut aisément servir à consacrer l'injustice la plus éclatante.
Nous pensons donc que les blocus dits pacifiques sont
inutiles et contraires au droit des gens. Aussi n'en par-
lerons-nous pas dans cette étude, et désormais tout ce
que nous dirons ne s'appliquera qu'aux blocus en temps
de guerre.

Si l'on envisage le blocus dans ses effets à l'égard des
neutres, c'est une mesure qui, au premier abord, paraît
loin d'être légitime. Elle pèse, en effet, presque autant
sur les neutres que sur le belligérant bloqué. Les
neutres étrangers aux hostilités, privés de toute rela-

tion avec les ports bloqués, voient leur commerce subir une lourde entrave. C'est ainsi que le blocus continental, le blocus des ports du Sud des États-Unis, durant la guerre de Sécession, ont causé de graves préjudices au commerce des puissances non engagées dans la guerre, en empêchant leurs approvisionnements et leurs débouchés. Mais il faut bien reconnaître que, si ces blocus ont produit de tels résultats, cela tient surtout, comme nous le verrons plus tard, à ce qu'ils n'étaient pas effectifs. L'effectivité est une des conditions essentielles de validité du blocus, admises généralement aujourd'hui. Elle a pour effet de rendre le blocus moins désastreux, en le cantonnant dans des limites assez étroites. D'ailleurs, si le blocus atteint les neutres, ce n'est que d'une manière indirecte, il est important de le constater. Si l'on considère toutes les autres opérations de guerre, on remarque aisément qu'elles frappent toutes indirectement les neutres, sans pour ce fait cesser d'être légitimes. Le but de la guerre est de contraindre l'adversaire à se soumettre le plus vite possible. Or, l'interception des communications qui résulte du blocus, et le défaut de vivres et de ressources qui en est la conséquence, sont des moyens de nuire des moins rigoureux.

Cette mesure d'hostilité est même plus légitime et moins meurtrière que les autres. « Le commerce, comme l'a très bien dit M. Fauchille (1), fait la richesse d'une

(1) *Blocus maritime*, p. 17.

nation, et une nation peut résister d'autant plus longtemps qu'elle est plus riche. » Il en résulte qu'en détruisant cette richesse, la puissance qui bloque attaque
directement son adversaire, et, si elle fait tort aux particuliers et aux nations neutres, ce n'est qu'indirectement. Les neutres ont donc pour devoir de ne pas introduire dans le port bloqué des armes ni des provisions,
qui permettraient à l'adversaire de la puissance bloquante d'avoir des ressources, et de lui nuire efficacement. La nation bloquante a conséquemment le droit
de saisir et de confisquer ces armes et ces provisions.

Le blocus est une opération de guerre très importante. Les applications qui en ont été faites sont des
plus nombreuses et des plus variées. L'étude en est par
suite très intéressante. Nous verrons d'abord, dans une
première partie, quelle a été l'évolution historique du
droit de blocus et comment les principes se sont déve-
loppés sur ce point. Nous aurons surtout à examiner
la conduite de l'Angleterre qui a été presque toujours
opposée à celle des autres puissances civilisées. Dans
une deuxième partie, nous étudierons les conditions de
validité du blocus, les effets du blocus et de sa violation, et nous conclurons en recherchant quels peuvent
être les résultats du blocus et son utilité actuellement.
Mais, auparavant, nous avons à dire quelques mots sur
une question qui se présente avant toute autre, celle
de savoir quel est le fondement du droit de blocus.

Fondement du blocus. — Comment se justifie le droit de blocus ? D'où découle cette interdiction de commerce avec les ports d'une puissance, imposée aux neutres par un belligérant ? C'est là une grave question qui a reçu plusieurs solutions très différentes.

Nous n'insisterons pas sur la doctrine des auteurs anglais qui, comme le fait remarquer Gessner (1), assignent pour base au droit de blocus uniquement la pratique de la Grande-Bretagne. Cette opinion ne repose sur aucun principe juridique et a pour effet de faire varier les conditions de validité du blocus selon les intérêts du moment. C'est ainsi que l'Angleterre a été amenée à justifier les blocus fictifs ou sur papier qui ont été si longtemps sa pratique coutumière.

Une opinion plus intéressante est celle d'Hautefeuille qui fait dériver le droit de blocus de la conquête faite par le belligérant de la mer territoriale de son adversaire. Le belligérant, étant ainsi devenu, par droit de propriété, souverain de la partie de mer conquise, a le droit d'y exercer tous les droits de la souveraineté et, par conséquent, d'imposer à cette partie de son territoire « les lois qu'il croit les plus propres à favoriser ses projets (2) ». Il lui est permis « de défendre à tous les navires étrangers, à tous les navires neutres de la traverser pour aller faire le commerce avec le port bloqué ».

---

(1) *Le droit des Neutres sur mer,* p. 165.
(2) *Droits et devoirs des nations neutres en temps de guerre maritime,* t. III, p. 3.

Les neutres n'ont pas le droit de se plaindre des dommages qui peuvent ainsi leur être causés. Considéré à ce point de vue, d'après Hautefeuille, le droit de blocus n'est pas une restriction de la liberté commerciale des neutres, mais « le refus fait par un peuple de commercer avec les autres sur une partie de son territoire, l'interdiction du droit de transit ». De la théorie d'Hautefeuille il résulterait même que la haute mer peut, dans une certaine mesure, devenir la propriété d'une nation déterminée. Suivant lui, lorsque les vaisseaux qui forment le blocus sont trop éloignés des côtes pour que le feu de leur artillerie soit efficace sur la mer territoriale, il n'en serait pas moins vrai de dire que chaque navire fait tomber sous la possession réelle de son souverain la partie, même libre, de la mer qu'il occupe. Cette partie de mer resterait sous la même possession tant que le navire ne changerait pas de place.

Que faut-il penser de cette théorie ? Elle n'a pour mérite que son originalité et elle est complètement inexacte. Il est communément admis, en effet, que la mer en elle-même n'est pas susceptible d'appropriation par une puissance. Le principe de la liberté des mers est un principe fondamental du droit international qui s'oppose à cette appropriation. D'ailleurs les navires chargés de maintenir le blocus pourront rarement occuper effectivement une bande de territoire maritime non interrompue. Les passages qui resteront libres pourront, par conséquent, être utilisés par l'ennemi et les autres nations. Lorsqu'une puissance exerce des droits sur les eaux qui baignent ses côtes, ces droits ne peuvent être considérés que comme l'accessoire des droits de souveraineté exercés sur les terres avoisinantes.

La mer territoriale n'est, en réalité, qu'une prolongation de la frontière des États. La conséquence en est qu'une puissance ne peut se dire souveraine des eaux territoriales d'un État qu'autant qu'elle a conquis préalablement le rivage placé à proximité. Comme le fait avec raison remarquer Cauchy (1) : « Dès que vous séparez par la pensée cette mer (territoriale) de son rivage, qui seul la rendait susceptible de recevoir un maître, qu'est-elle, je vous prie, si ce n'est une partie aliquote de la vaste mer sur laquelle aucun domaine permanent ne peut s'exercer ? »

Le but d'Hautefeuille, en élaborant sa théorie, a été surtout de combattre la doctrine anglaise et d'exiger l'effectivité comme une condition indispensable pour la validité du blocus. La conquête suppose forcément cette effectivité. Pour qu'un territoire soit conquis il faut qu'il soit complètement et définitivement occupé. Or, ce résultat ne peut se produire, en cas de blocus, d'une façon aussi absolue. S'il y a occupation réelle du territoire maritime par les forces bloquantes, cette occupation ne peut être définitive, car la flotte bloquante est à

(1) *Le Droit maritime international considéré dans ses origines et dans ses rapports avec les progrès de la civilisation,* t. II, p. 420.

la merci des intempéries et il suffit d'une tempête pour la disperser. L'État bloqué s'efforce d'ailleurs de défendre son territoire en fortifiant la côte et en cherchant à dominer la mer territoriale par des batteries.

La doctrine d'Hautefeuille entraîne des conséquences redoutables. Elle aboutit, en effet, à l'arbitraire. Comme le dit lui-même Hautefeuille (1), « chaque souverain a le droit de faire sur son propre territoire ce qu'il croit le plus avantageux à ses sujets ; les peuples étrangers, amis ou ennemis, n'ont pas le droit de s'immiscer dans ces actes intérieurs dont le chef ne doit compte qu'à ses propres concitoyens ou même à Dieu. Il peut donc promulguer toutes les lois, tous les règlements qu'il juge utiles…, admettre le commerce sur certains points déterminés, le repousser sur d'autres…, en un mot, agir suivant son intérêt et même selon son caprice ». La puissance bloquante, étant souveraine, pourra donc imposer le respect du blocus à certains neutres et permettre à d'autres le commerce avec les ports bloqués. La liberté de navigation des neutres pourrait ainsi être supprimée au gré du belligérant, ce qui est contraire à la pratique suivie maintenant en matière de blocus. En outre, si la violation du blocus est assimilée à la violation d'une loi du belligérant, celui-ci pourra prononcer contre elle les peines les plus sévères.

Ortolan nous paraît bien plus près de la vérité

(1) *Op. cit.*, t. III.

qu'Hautefeuille lorsqu'il dit (1) « qu'il y a lieu d'appliquer à l'égard du territoire maritime, par analogie avec ce qui se passe dans la guerre sur terre à l'égard du territoire continental, lors de l'occupation d'une province ennemie, le principe que l'occupant prend la place du souverain du lieu dans l'exercice de la souveraineté. » L'occupation, selon Ortolan, suffit pour substituer à la souveraineté de la puissance bloquée celle de la puissance bloquante. M. A. Desjardins soutient la même théorie (2) en ces termes : « Une partie de la mer peut être occupée momentanément par un certain nombre de vaisseaux ; ceux-ci, tant que les forces de l'ennemi ne les chassent pas, peuvent se maintenir dans l'espace nécessaire à leur mouillage ; ces eaux sont réputées conquises, des bâtiments de guerre ou de commerce ne peuvent dès lors venir se placer dans les mêmes eaux sans s'exposer à être repoussés par la voie de la force ; enfin si les approches d'un port sont ainsi bloquées, l'occupant peut les interdire à tous. » Il y a exagération, à notre avis, à prétendre que la simple occupation matérielle, fait essentiellement provisoire, entraîne la souveraineté sur le territoire occupé. Cette souveraineté, comme nous l'avons dit, ne peut s'établir que sur les territoires conquis définitivement. La mer ne pouvant être l'objet d'une conquête, ce n'est donc pas comme

(1) *Règles internationales et Diplomatie de la mer*, 4ᵉ éd., t. II, p. 329.

(2) *Droit commercial maritime*, t. I, p. 49.

souverain que le belligérant peut avoir le droit de blocus.

M. Brocher de la Fléchère (1) fait dériver le droit de blocus d'une possession spéciale, *ad interdicta*. Cette opinion n'est pas plus exacte que les précédentes, car il est bien certain qu'on ne peut pas plus posséder la mer, c'est-à-dire la détenir d'une manière permanente, que l'on ne peut avoir un droit de propriété sur elle.

Les auteurs allemands et quelques auteurs français reconnaissent pour fondement au blocus les nécessités de la guerre. Gessner, représentant le plus autorisé de cette doctrine, trouve (2) que la nécessité d'interdire aux neutres le commerce avec les ports bloqués a toujours été reconnue aux puissances, et que ce fait suffit pour donner au droit de blocus une base solide. On a dit, contre ce système (3), que reconnaître pour base du blocus les nécessités de la guerre, c'était substituer l'arbitraire au droit, que ce système conduisait à « sacrifier les peuples neutres au profit des nations belligérantes » et à les soumettre au bon plaisir de ces derniers. Nous pensons que ces conclusions sont exagérées. Mais il convient de ne pas laisser dans le vague cette expression « les nécessités de la guerre ». Le droit de blocus est un attribut inséparable du droit de guerre. Il est inutile de distinguer à cet égard, comme l'a fait Cauchy (4),

(1) Les principes naturels du droit de la guerre, *Revue de Droit international,* 1873, p. 575.
(2) *Op. cit.,* p. 168.
(3) FAUCHILLE, *op. cit.,* p. 25.
(4) *Op. cit.,* t. II, p. 198.

deux modes de guerre différents. Le blocus, pour nuire efficacement à l'ennemi, doit être respecté par tous les neutres indistinctement. L'intérêt particulier du belligérant doit être ici d'accord avec l'intérêt général. La violation du blocus par les neutres est une immixtion dans les hostilités et doit être traitée comme telle, c'est-à-dire ne pas être punie de peines criminelles, mais de la simple confiscation du navire et des marchandises.

M. Fauchille (1) et après lui M. Bonfils (2) considèrent le respect par les neutres du blocus comme une conséquence naturelle de l'état de neutralité. Pour eux le droit de blocus est fondé sur les devoirs des neutres. Cela revient à dire qu'il est fondé indirectement sur les nécessités de la guerre. A notre avis, le droit de blocus dérive bien du devoir des neutres, mais non immédiatement. Il découle de l'état de guerre, état qu'il est du devoir des neutres de respecter. Ils ne doivent pas aider l'un des belligérants, en le soutenant dans sa résistance contre son adversaire, par conséquent, ils ne doivent pas violer le blocus établi par ce dernier, sous peine de sortir de leur neutralité. M. Fauchille (3) prétend qu'en donnant pour fondement au droit de blocus les nécessités de la guerre, on arrive à des conclusions désastreuses. « Si, dit-il, il paraît au belligérant utile à ses intérêts de défendre non seulement l'entrée dans un port

(1) *Op. cit.*, p. 18.
(2) *Manuel de Droit international*, p. 850.
(3) *Op. cit.*, p. 18.

bloqué, mais aussi le simple affrétement et la simple destination des navires pour ce port, il faut le lui permettre. Il faut encore l'autoriser à se servir des blocus fictifs : s'il est nécessaire à la guerre entreprise par lui qu'il interdise le commerce neutre, il a le droit de déclarer bloqué le territoire ennemi et il importe peu qu'il ait à sa disposition des forces suffisantes pour fermer réellement ce territoire. Le droit de nécessité n'est soumis à d'autres lois que celles qui résultent de la volonté du belligérant.

Il est certain qu'il ne faut pas laisser uniquement au bon plaisir du belligérant le droit d'apprécier si telle ou telle mesure qui ont pour effet de nuire aux intérêts des neutres sont légitimées par les nécessités de la guerre. Les belligérants doivent se soumettre au droit international et aux lois de la guerre admises par ce droit. Il ne leur sera jamais nécessaire, pas plus qu'il ne serait légitime, d'interdire aux neutres le simple affrétement et la simple destination pour un port bloqué. En outre, le blocus doit être une opération de guerre effective, et il n'y a pas opération de guerre, ni en conséquence blocus établi, par le fait seul qu'une puissance se contente de déclarer bloquée une partie du territoire ennemi, sans se soucier d'envoyer des vaisseaux en nombre suffisant pour fermer ce territoire. En faisant reposer le droit de blocus sur les nécessités de la guerre, on n'arrive donc pas à admettre les funestes conséquences indiquées par M. Fauchille.

Le blocus, tel qu'il est pratiqué actuellement, est le
résultat de l'histoire. On peut dire qu'il est le seul
moyen pour le belligérant d'atteindre directement le
commerce de son adversaire, surtout maintenant, car,
depuis la déclaration de Paris, il est à peu près universellement reconnu que les marchandises ennemies ne
sont pas saisissables sous pavillon neutre. Un belligérant pourra donc continuer, durant la guerre, à commercer sous pavillon neutre, sans danger ; et, pour
interrompre ses relations commerciales avec les autres
puissances, le blocus sera la seule opération de guerre
efficace.

Nous allons maintenant voir sous quelle forme le
blocus a fait son apparition dans l'histoire, comment il a
été appliqué par les différents peuples aux différentes
époques et nous serons ainsi en mesure d'apprécier les·
conditions actuelles de validité du blocus.

PREMIÈRE PARTIE

Historique du Blocus

CHAPITRE PREMIER

ANTIQUITÉ ET TEMPS MODERNES JUSQU'A LA NEUTRALITÉ
ARMÉE DE 1780

Le blocus proprement dit n'a fait son apparition que
fort tard, dans le cours du xvi° siècle. La raison en est
facile à comprendre.

Avant cette époque, il était impossible à une puissance d'intercepter toute communication avec un port.
Les navires de guerre étaient tous de petite dimension :
pour établir un blocus il en eût fallu un nombre trop
considérable pour que les maigres ressources des puissances pussent y suffire. « Que de temps et d'efforts ne
fallut-il pas, dit judicieusement à ce sujet Cauchy (1),
pour construire des vaisseaux de guerre capables de
s'embosser, comme des forteresses immobiles, à proximité d'une place ennemie, et pour installer à bord de

(1) *Op. cit.*, t. i, p. 300.

ces navires des pièces de siège servies avec une précision telle que le passage entre les feux croisés de ces batteries flottantes fût interdit non seulement de droit, mais de fait ? » C'étaient là les conditions indispensables de possibilité du blocus.

Dans l'antiquité, d'ailleurs, le blocus, tel que nous le comprenons, outre son manque d'efficacité, ne pouvait avoir d'utilité réelle. Les peuples anciens ne se contentaient pas d'admettre que toutes relations commerciales étaient suspendues entre belligérants. Même en dehors d'une guerre déclarée, les peuples étaient dans un état d'hostilité permanent ; les mots *étranger* et *ennemi* étaient synonymes, et les peuples non alliés étaient regardés comme suspects. La neutralité n'existait pas, et le commerce était, par suite, complétement interdit entre les belligérants et les autres peuples. Cette interdiction était même sanctionnée par les peines les plus sévères. Nous en trouvons la preuve dans un cas cité par Plutarque. Le grand Pompée, dans la guerre contre Mithridate, plaça à l'embouchure du Bosphore, des gardes dont la mission consistait à observer scrupuleusement quels navires pénétraient dans le détroit et à les capturer ; les personnes trouvées à bord de ces navires étaient impitoyablement mises à mort.

Pour prouver la haute antiquité du blocus, on a relevé aussi un cas de soi-disant blocus cité également par Plutarque. Le roi Démétrius Poliorcète, qui vivait environ 300 ans avant l'ère chrétienne, ayant bloqué Athènes

pour réduire cette ville par la famine, fit pendre le capitaine et le pilote d'un vaisseau qui avait réussi à introduire des vivres dans le port. On pourrait citer d'autres
exemples de blocus dans l'antiquité, mais ces blocus
étaient fictifs, et il n'y avait pas de règles ni de lois
fixes adoptées pour ce genre d'opérations. Ce sont seulement les progrès de l'artillerie et les modifications
apportées dans la manière de faire la guerre, qui ont
permis d'employer des blocus efficaces et de règlementer cette mesure d'hostilités.

Si, délaissant l'antiquité, nous passons au moyen
âge, nous voyons, dès le XIIIe siècle, des exemples de
blocus fictifs, ou plutôt de prohibitions de commerce
avec un ennemi faites par une puissance en état de
guerre. Il semble bien que l'usage était de publier, au
début des hostilités, des proclamations avertissant tous
les commerçants de ne pas essayer d'introduire des
vivres ou des marchandises sur le territoire de l'ennemi, sous peine de confiscation de ces marchandises
et des navires qui les transportaient (proclamation de
Henri III, en 1223 ; lettre d'Edouard II d'Angleterre à
Philippe V de France). De même, les bulles des Papes
déclaraient, sous peine de ban, tout commerce absolument prohibé avec les infidèles. Cependant, une bulle de
Boniface VIII, en 1302, restreint cette défense de commercer avec les Sarrasins, ennemis de la religion, à
certains commerces spéciaux (armes, fer, grains, bois
de construction).

2 c

Dans de nombreux traités du xiv° siècle, nous pouvons constater également que la guerre interrompait le commerce des nations chrétiennes entre elles, qu'elles fussent ou non belligérantes. C'est ainsi que deux traités, conclus en 1304 et 1314 entre la France et l'Angleterre, obligeaient la puissance amie d'un souverain à rompre tout commerce avec l'adversaire de ce dernier durant toute la durée des hostilités. Les traités de 1315, 1346, 1370, conclus entre la Grande-Bretagne et les villes de Flandre et du Brabant, renferment la même prohibition.

Ces traités et ces proclamations devinrent si fréquents que l'Angleterre jugea convenable de se dispenser de conclure des conventions dont les dispositions étaient passées dans l'usage général, et se contenta à cet effet de simples ordonnances rendues par elle. Les principaux exemples de ces ordonnances sont les déclarations anglaises de 1315 et de 1337 qui interdisaient aux États neutres la continuation de leurs relations commerciales avec les Écossais, ennemis de l'Angleterre, sous peine de destruction des établissements de ces puissances. En 1346, pendant la guerre de Cent ans, Édouard III rendit également une ordonnance portant que « tout vaisseau étranger qui tenterait d'entrer dans un port français serait pris et brûlé. » Ces traités et ces ordonnances peuvent être considérés comme l'origine des blocus sur le papier que l'Angleterre a toujours pratiqués depuis cette époque.

Au xv° siècle, les traités continuent à défendre aux

neutres de transporter des marchandises, quelles qu'el
les soient, dans les pays ennemis, sous peine de confiscation. On trouve cette défense reproduite dans les
nombreux traités passés par la Grande-Bretagne avec
la Bourgogne (1406, 1417, 1426, 1471), avec la Bretagne (1468), avec Gênes (1460). Cette règle avait même
déjà été insérée dans le Consulat de la Mer, recueil
d'usages du XIIIe ou du XIVe siècles. Mais les neutres
commencèrent à se plaindre des entraves apportées à
leur négoce. Les villes hanséatiques, en particulier,
firent entendre de vives doléances, en 1493, lorsque les
rois de Danemarck et d'Écosse, dans leur guerre avec
la Suède, prohibèrent tout commerce avec l'ennemi.
Malheureusement, ces villes, lorsqu'elles soutinrent des
guerres avec les autres peuples, adoptèrent la même
règle de conduite qu'elles désavouaient chez les autres
puissances, et le commerce des neutres fut, par elles,
toujours déclaré interrompu durant les hostilités auxquelles elles prirent part.

Il faut remarquer cependant, au XVe siècle, que certains traités faisaient déjà spécialement allusion à la
contrebande de guerre. Mais ce n'est que dans la seconde
moitié du XVIe siècle que l'on fit réellement la distinction entre les marchandises constituant la contrebande
de guerre et les autres marchandises, en interdisant
aux neutres uniquement l'envoi des premières aux belligérants. Il est vrai que l'on faisait rentrer dans la contrebande de guerre une foule d'objets ne favorisant qu'indi-

rectement les opérations de la guerre, tels que l'argent, les vivres, le bois, le charbon, etc..., mais, dans le cours du xvii° siècle, les traités restreignirent généralement la contrebande aux seules munitions de guerre, aux armes en particulier. Les exceptions à cette règle ne furent consacrées que par l'Angleterre dont la conduite à l'égard des neutres a toujours été très rigoureuse.

De ce que nous venons de dire, il résulte que ce fut seulement dans la deuxième moitié du xvi° siècle que le blocus commença à prendre une utilité réelle. Lorsque les traités distinguèrent la contrebande de guerre des autres marchandises, ils déclarèrent que le commerce des marchandises constituant la contrebande de guerre était interdit aux neutres, mais que celui des autres denrées était libre, « sauf avec les places assiégées, bloquées ou investies. » Grotius (1) considère également comme interdit le transport de toutes sortes de marchandises à des places assiégées ou bloquées, lorsqu'il tend à empêcher l'exécution de l'intention licite du belli gérant de réduire son ennemi à la reddition ou à la paix. Mais on se contentait dans les traités de parler de places bloquées sans indiquer rien qui permît aux neutres de reconnaître un blocus.

Cette énonciation était extrèmement vague et devait par conséquent favoriser les blocus fictifs ou sur papier, c'est-à-dire les blocus non maintenus par des forces suf-

____

(1) *De jure belli ac pacis*, lib. III, cap. I, V, n° 8.

fisantes pour interdire réellement l'accès des ports bloqués.

Aussi ne voit-on établis aux xvi⁰ et xvii⁰ siècles que des blocus de ce genre. Le premier exemple de ces blocus paraît être celui que la Suède employa, en 1560, dans sa guerre contre la Russie. Ce furent surtout les Hollandais qui usèrent ensuite des blocus fictifs. On peut dire qu'ils ont été les véritables propagateurs de cette pratique contraire au droit des gens.

En 1575, ils confisquèrent les navires anglais qui faisaient voile vers l'Espagne, leur ennemie, ce qui motiva des plaintes de la Grande-Bretagne. Cependant celle-ci agit de même peu de temps après à l'égard du Danemarck.

En 1584, les Hollandais, ayant entrepris une guerre contre l'Espagne dans le but de sauvegarder leur indépendance, déclarèrent en état de blocus tous les ports de Flandre, sans se préoccuper d'établir des forces navales devant ces ports pour en empêcher l'accès. Cette mesure fut renouvelée par eux par quatre ordonnances successives, dont deux sont de 1586, la troisième du 9 août 1622 et la quatrième du 21 mars 1624. Enfin, un édit remarquable fut promulgué le 26 juin 1630, d'après le conseil des cours d'amirauté et des plus savants jurisconsultes hollandais, pour règlementer ce blocus. Cet édit constitue une sorte de législation complète du blocus fictif. C'est le premier document public qui détermine les conditions d'un blocus ; mais, bien qu'il prétendît que les ports mis en état de blocus fussent effectivement investis par les navires hollandais, il n'établissait en réalité qu'un blocus par croisières, blocus qui n'est qu'une espèce particulière de blocus fictif.

Voici comment s'exprimait l'édit de 1630 : « Les États généraux des Provinces Unies... ont, après une mûre délibération préalable et sur l'avis des respectifs collèges de l'amirauté, trouvé bon et entendu, à l'égard du premier point, que les vaisseaux neutres qu'on trouvera, qu'ils sortent des ports ennemis de Flandre ou qu'ils soient si près qu'il est indubitable qu'ils y veulent entrer, que ces vaisseaux avec leurs marchandises doivent être confisqués, et cela à cause que leurs Hautes Puissances tiennent continuellement lesdits ports bloqués par leurs vaisseaux de guerre, à la charge excessive de l'État, afin d'empêcher le transport et le commerce avec l'ennemi et parce que ces ports et ces places sont réputés être assiégés, ce qui a été de tout temps un ancien usage, selon l'exemple de tous les rois, princes, puissances et autres républiques qui se sont servis du même droit dans de semblables occasions.

« A l'égard du second point, leurs Hautes Puissances déclarent que les vaisseaux et marchandises neutres seront aussi confisqués quand il sera constaté, par lettres de cargaisons, connaissements ou autres documents, qu'ils ont été chargés dans les ports de France ou qu'ils sont destinés à y aller, quand même on ne les aurait rencontrés que bien loin encore de là, de sorte qu'ils

pourraient encore changer de route et d'intention. Ceci
étant fondé sur ce qu'ils ont déjà tenté quelque chose
d'illicite et mis en œuvre, quoiqu'ils ne l'aient pas
achevé ni porté au dernier point de perfection, à moins
que les maîtres ou les propriétaires de tels vaisseaux
ne fissent voir dûment qu'ils s'étaient désistés de leur
propre mouvement de leur entreprise et voyage destiné,
et cela avant qu'aucun vaisseau de l'État les eût vus ou
poursuivis et que ceux-ci trouvassent la chose sans
fraude ; ce qu'on pourra juger en examinant la nature
de l'affaire par les conjectures, les circonstances et
l'occasion.

« A l'égard du troisième point, leurs Hautes Puissances déclarent que les vaisseaux revenant des ports
de Flandre (sans y avoir été jetés par une extrême nécessité) et quoique rencontrés loin de là, dans le canal ou
dans la mer du Nord, par les vaisseaux de l'État, quand
même ils n'auraient pas été vus ni poursuivis par ceux-
ci en sortant de là, seront aussi confisqués, à cause que
tels navires sont censés avoir été pris sur le fait tant
qu'ils n'ont point achevé leur voyage et qu'ils ne se sont
point sauvés dans quelque port libre ou appartenant à
une puissance neutre. Mais ayant été, comme il a été
dit, dans un port libre et étant pris par les vaisseaux
de guerre de l'État dans un autre voyage, ces vaisseaux
et marchandises ne seront point confisqués, à moins
qu'ils n'aient été, en sortant des ports de Flandre, suivis
par les vaisseaux de guerre et poursuivis jusque dans

un autre port que le leur ou celui de leur destination et qu'en sortant de nouveau de là ils aient été pris en pleine mer. »

Comme on le voit, cet édit ne se contentait pas de punir de confiscation les navires ayant tenté de violer le blocus : il consacrait aussi au profit des Hollandais, d'abord ce qu'on a appelé le *droit de prévention*, c'est-à-dire le droit de saisir, comme coupable de violation de blocus, tout navire ayant mis à la voile pour un port déclaré bloqué ; l'édit n'exigeait même pas pour qu'il en fût ainsi, comme on le fera plus tard, que le navire eût eu ou fût censé avoir eu connaissance du blocus. En outre les navires hollandais étaient pourvus de ce qu'on a appelé le *droit de suite*, c'est-à-dire du droit de poursuivre un navire sorti d'un port bloqué et de s'en rendre maître, jusqu'à son arrivée dans le port de sa destination ou dans un port neutre ; et même, dans ce dernier cas, le navire ennemi, d'après l'édit, était encore passible de capture, en quittant le port neutre, s'il n'avait pas cessé d'être poursuivi par un bâtiment de guerre hollandais.

Cet édit très important était loin de respecter dans ses dispositions les droits des neutres. On ne peut lui reconnaître d'autre mérite que celui d'avoir fourni une base certaine pour préciser les limites du droit de guerre en cette matière. Aussi Bynkershoek lui-même, tout en approuvant la mesure prise par son pays, est-il forcé de constater que cet édit, qu'il a judicieusement commenté (1), ne fut pas effectivement mis à exécution par la présence d'une force suffisante pour maintenir le blocus. D'ailleurs les États généraux hollandais, en 1645, atténuèrent considérablement la sévérité de ces dispo sitions. Par un décret adressé à l'amiral Tromp, qui bloquait les ports de Flandre, ils lui ordonnèrent d'arrê ter seulement les navires neutres qui essaieraient de violer le blocus, et de ne confisquer que les objets cons tituant la contrebande de guerre.

Dans un autre passage de son ouvrage (2), Bynker shoek désapprouve l'inconséquence des États généraux de Hollande qui, en 1652, prohibèrent aux Anglais tout commerce avec les autres nations, et, en 1663, contes tèrent le même droit aux Espagnols dans leur guerre contre le Portugal. Comme nous venons de le dire, des blocus fictifs furent encore mis sur tous les ports de la Grande-Bretagne et sur toutes ses possessions coloniales par la Hollande en 1652, ainsi qu'en 1666, et par l'Es pagne en 1662, sur tous les ports du Portugal. En 1662, 1667 et 1674, trois traités exigèrent formellement que l'investissement fût réel, que le blocus fût effectif, mais ils n'eurent pas pour effet d'empêcher la Hollande, d'édicter encore des blocus fictifs contre la France les 14 avril 1672 et 11 avril 1673. L'exécution de ces blocus à l'égard des neutres fut spécialement confiée aux cor-

(1) *Quœstiones juris publici,* lib. I, cap. XI.
(2) *Op. cit.,* lib. I, cap. IV.

saires : aussi cette période a-t-elle été très favorable au développement de la course.

En 1689, durant l'importante guerre de la Ligue d'Augsbourg, fut signé entre l'Angleterre et la Hollande, les deux principales puissances maritimes au XVIIe siè cle, un traité dont les conséquences furent des plus graves, et qui établissait un véritable blocus fictif de toutes les côtes françaises. Déjà, en 1631, un autre traité paraissait avoir admis la validité d'un blocus de cette sorte : c'était la convention signée par la France et le Maroc le 24 novembre de cette année, et en vertu de laquelle, dans le cas de révolte des Marocains contre leur empereur, les sujets de Louis XIV pouvaient « empê cher et défendre qu'aucun Anglais ou autres nations pussent trafiquer ni porter aucunes armes ni autres choses aux sujets rebelles du souverain du Maroc. »

Le traité de Whitehall du 22 août 1689, conclu, comme nous l'avons dit, par l'Angleterre et la Hollande, se con tentait, pour mettre les côtes de la France entière en état de blocus, d'en faire une simple notification aux États neutres. C'était l'une des premières mesures prises par les deux alliées pour affaiblir la redoutable puissance de Louis XIV. Les clauses les plus impor tantes à cet égard étaient les articles 3 et 4 qui s'expri maient en ces termes : « Il est convenu entre Sa Majesté le roi de la Grande-Bretagne et les États-Généraux que, si pendant cette guerre les sujets d'un autre roi, prince ou État, entreprennent de trafiquer ou de faire aucun commerce avec les sujets du roi Très chrétien, ou que, si leurs vaisseaux ou bâtiments sont *rencontrés faisant voile* vers les ports, havres ou rades de l'obéissance dudit roi Très chrétien sous un *soupçon apparent* de vouloir trafiquer avec les sujets dudit roi, et si les vaisseaux appartenant aux sujets d'aucun autre roi, prince ou État sont trouvés, en quelque endroit que ce soit, chargés de marchandises ou denrées pour la France ou pour les sujets du roi Très chrétien, ils seront pris par les capitaines des vaisseaux de guerre, armateurs ou autres sujets du roi de la Grande-Bretagne et des seigneurs États, et seront réputés de bonne prise par les juges compétents. Ledit roi de la Grande-Bretagne et lesdits seigneurs États notifieront au plus tôt ce traité à tous les rois, princes ou États de l'Europe qui ne sont pas en guerre contre la France, pour qu'ils soient en même temps informés que si leurs vaisseaux ou si les bâtiments de leurs sujets, sortis en mer avant cette notification, sont trouvés *faisant voile* vers les ports, havres ou rades de l'obéissance du roi Très chrétien, ils seront obligés par les vaisseaux du roi de la Grande-Bretagne et par ceux des États généraux de rebrousser chemin incessamment ; et que, si les vaisseaux ou bâtiments desdits rois, princes ou États ou de leurs sujets sont rencontrés faisant voile desdits ports, chargés de marchandises ou denrées de France, lesdits vaisseaux et bâtiments seront obligés de s'en retourner auxdits ports et d'y laisser leurs marchandises, à peine de confiscation ; et qu'en cas que les vaisseaux et bâtiments desdits rois, princes et États ou de leurs sujets, sortis en mer après la notification, soient trouvés faisant voile vers les ports, havres ou rades de l'obéissance du roi Très chrétien, ils seront saisis et confisqués avec leurs marchandises et denrées comme de bonne prise ».

Le préambule du traité énonçait, pour en justifier les dispositions, le seul motif suivant : « Considérant qu'il importe au roi d'Angleterre et aux États généraux de faire le plus de dommage qu'il sera possible à l'ennemi commun pour le réduire à une paix juste et honorable, et à des conditions qui pourront rétablir le repos et la tranquillité de la chrétienté, et que, pour cela, il est nécessaire qu'on emploie toutes ses forces, et particulièrement qu'on fasse en sorte que tout le commerce et trafic avec les sujets du roi Très chrétien soit effectivement rompu et interdit, pour ôter audit roi et à ses sujets les moyens de fournir à une guerre qui pourrait autrement, par sa durée, être transmissible et causer une grande effusion de sang chrétien... »

Cette convention fameuse consacrait encore le droit de prévention et interdisait aux neutres tout commerce quelconque avec la France, sous peine de confiscation en masse des navires et des marchandises. Ces prétentions, aussi rigoureuses que déloyales, n'avaient été acceptées par les États généraux hollandais qu'avec répugnance, et la Hollande, par la suite, s'abstint de recourir aux blocus sur papier. Pour l'Angleterre, au

contraire, ce fut la première occasion d'établir ces blocus
universels et fictifs qui ont été depuis si souvent déclarés
par elle, surtout au début du xixᵉ siècle. Elle seule est
restée constamment fidèle à cette pratique, introduite,
peut-on dire, par la Hollande, et les principes en furent
même professés ouvertement par la Grande-Bretagne.
La France n'eut jamais recours à ce procédé injuste, si
ce n'est sous le premier Empire et uniquement à titre
de représailles.

Les dispositions du traité de Whitehall furent exécutées
rigoureusement jusqu'en 1693. Beaucoup de navires
neutres furent, sous prétexte d'avoir violé le blocus,
capturés, amenés en Angleterre et condamnés comme
de bonne prise par les tribunaux anglais. Cette rigueur
eut pour conséquence de vives réclamations de la part
des puissances neutres. La Suède et le Danemarck, en
particulier, formèrent une sorte d'alliance de neutralité
armée, la première que l'on vît dans l'histoire. Par le
traité du 17 mars 1693, elles s'engagèrent entre elles à
user de représailles, s'il le fallait, pour obtenir le relè
vement de leurs griefs. Dans le préambule de ce traité,
il est déclaré, notamment, que, « quoique leurs Majestés
les rois de Suède et de Danemarck aient espéré, qu'après
avoir publié leur traité de 1691 pour le maintien de leur
navigation et de leur commerce, les pirateries injustes
et multipliées contre le commerce de leurs sujets auraient enfin cessé, elles ont été affligées de trouver que,
nonobstant les remontrances qu'elles avaient faites de

temps en temps aux puissances engagées dans la guerre pour y mettre fin, ces pirateries ont augmenté à un point qu'on ne peut pas exprimer ». Ce traité aboutit à un résultat sérieux : l'Angleterre et la Hollande abandonnèrent leurs prétentions et se virent dans la nécessité de relâcher quelques-uns des navires par elles capturés.

Puffendorf, dans une lettre à Gronovius, essaya d'excuser la mesure prise par les alliés contre la France en 1689, par des motifs de politique temporaire ou de prétendue nécessité. Il soutenait que les puissances neutres devaient temporiser sur une question qui ne regardait que les intérêts individuels du commerce de quelques États « pendant que les autres nations unissaient toutes leurs forces pour réduire dans des bornes raisonnables une puissance exorbitante et insolente, qui menaçait l'Europe de l'esclavage et la religion protestante d'une ruine totale ». Ces raisons parurent à juste titre insuffisantes aux puissances neutres, et elles finirent par obtenir satisfaction pleine et entière pour leurs réclamations.

Les traités du XVIIe siècle, à l'exception de celui de 1689 dont nous venons de parler, sans énoncer les conditions que devaient remplir les blocus, avaient demandé qu'ils fussent effectifs, et aucun d'entre eux n'avait admis la légitimité des blocus fictifs. Ce n'était, il est vrai, qu'une conséquence tacite des dispositions de ces traités. Après avoir énuméré les denrées et marchandises qui devaient constituer la contrebande de guerre, ces conventions indiquaient que le commerce des autres denrées demeurait libre « excepté avec les places assiégées, bloquées ou investies ». Cette disposition se trouve notamment dans les traités du 17 décembre 1650 entre l'Espagne et les Provinces-Unies, du 10 mai 1655 entre la France et les villes Hanséatiques, du 7 novembre 1659 entre la France et l'Espagne, du 11 juillet 1670 entre le Danemarck et la Grande-Bretagne, du 10 août 1678 entre la France et la Hollande et du 20 septembre 1697 entre les mêmes puissances (1).

Au xviiie siècle, la plupart des traités continuèrent à n'admettre que tacitement l'effectivité du blocus. C'est ainsi que les traités conclus en 1701 entre la Hollande et le Danemarck, en 1713 à Utrecht (art. 20) entre la France, la Grande-Bretagne, la Hollande et l'Espagne (2), traité qui reçut l'adhésion de la Prusse et de Venise, le traité de Paris du 10 février 1763 entre l'Angleterre, la France et l'Espagne (3), ceux du 20 juin 1766 entre la Russie et l'Angleterre (4), du 1er avril 1769 entre la France et Hambourg (art. 16) (5), de 1778 entre la France et les États-Unis d'Amérique (6), du 18 septembre 1779 entre la France et Mecklembourg (art. 14) (7), et du 26

____

(1) Pour le texte de ces traités, v. DUMONT, *Corps diplomatique du droit des gens*, t. VI et VII.
(2) DE CLERCQ, *Recueil des traités de la France*, I, p. 10.
(3) MARTENS, *Recueil,* 2e éd., I., p. 104.
(4) MARTENS, *op. cit.*, I, p. 390.
(5) DE CLERCQ, *op. cit.*, I, p. 111.
(6) MARTENS, *op. cit.*, 2e éd., II, p. 587.
(7) DE CLERCQ, *op. cit.*, I, p. 135.

septembre 1786 entre la France et la Grande-Bretagne
(art. 23) (1) parlent toujours des places assiégées, bloquées et investies, sans indiquer aucune condition pour
l'établissement réel d'un blocus. Il n'y a guère que le
traité conclu le 30 avril 1725 entre l'Espagne et l'Autriche qui stipule une règle importante à cet égard. L'article 9 de ce traité déclare, en effet, que doit être seul
considéré comme bloqué le port qui est enfermé de telle
sorte qu'on ne puisse y entrer sans s'exposer au feu de
l'artillerie bloquante.

Plusieurs traités, cependant, allèrent jusqu'à déterminer le nombre exact des vaisseaux nécessaires au blocus
d'un port. C'est ainsi que le traité de commerce conclu
le 23 août 1742 par la France et le Danemarck, après
avoir signalé comme exception à la liberté de la navigation en temps de guerre le cas de blocus d'un port,
ajoute dans son article 20 (2) : « Afin de lever toute
équivoque sur ce qui est entendu par cette exception,
il a été convenu que nul port ne doit être réputé bloqué,
si l'entrée n'en est fermée du moins par deux vaisseaux
du côté de la mer ou par une batterie de canons du côté
de la terre, de manière que les navires ne puissent y
entrer sans un danger manifeste ». Un autre traité conclu le 27 août 1753 entre la Hollande et les Deux-Siciles (3) exige, dans son article 22, pour que le blocus

(1) DE CLERCQ, *op cit.*, I, p. 157.
(2) DE CLERCQ, I, p. 51.
(3) WENCK, *Codex juris gentium recentissimi*, II, p. 753.

soit reconnu réel, l'investissement par mer par 6 vaisseaux de guerre au moins, mouillés un peu au-delà de la portée du canon de la place, ou, « du côté de la terre, par des batteries de canon et autres ouvrages tellement qu'on ne pourrait y entrer sans passer sous le canon des assiégeants ».

Malgré ces diverses conventions, les peuples neutres continuèrent à souffrir des procédés iniques des belligérants. Aussitôt la guerre déclarée, l'un des adversai res, parfois même les deux, mettait en état de blocus tous les ports ennemis, sans se préoccuper d'envoyer un seul navire pour établir effectivement ce blocus. Le commerce avec les lieux bloqués était ainsi supprimé pour les neutres, au moyen d'une simple proclamation, par un trait de plume.

Cette pratique, si contraire aux droits des neutres, fut encore employée par l'Angleterre et la Hollande en 1701 et en 1744. Ensuite, ce fut la Grande-Bretagne seule qui persista dans cette conduite arbitraire. Au commencement de la guerre de sept ans, elle procéda ainsi à l'égard de la France : par une simple notification tous les ports français furent déclarés bloqués par elle. La France, en vertu de l'article 17 du traité d'Utrecht, avait autorisé, en 1755, les neutres à faire le commerce avec ses colonies. L'Angleterre vit dans cette opération des neutres un abandon de la neutralité. « Elle émit la théorie du *commerce nouveau*, et déclara que tout navire neutre, chargé et faisant route pour les colonies françaises ou en revenant, serait saisi et confisqué comme coupable d'avoir fait un commerce nouveau, commerce qu'il ne faisait pas en temps de paix, et d'autant plus coupable que, le commerce neutre en temps de guerre ne devant être que la continuation du commerce en temps de paix, c'était sortir de la neutralité » (1). C'est ce qu'on a appelé la règle de 1756.

Pendant cette guerre désastreuse pour la France, un grand nombre de navires hollandais furent capturés. Aussi les États généraux des Provinces-Unies firent-ils entendre de vives réclamations contre le procédé qu'ils avaient les premiers mis en usage. Ils invoquaient, en particulier, le traité de commerce qu'ils avaient passé en 1675 avec l'Angleterre et qui consacrait le principe «*pavillon libre, marchandises libres*». L'Angleterre finit par consentir à une sorte de transaction : elle restitua les navires saisis et conserva les cargaisons, qui consistaient surtout en munitions pour la marine, en payant la valeur, mais elle obtint une sorte de reconnaissance du blocus fictif de la part de la Hollande. La restitution fut considérée comme une faveur exceptionnelle faite à une ancienne alliée de l'Angleterre, et le cabinet de Saint-James eut soin de dire formellement que, désormais, tout vaisseau qui tenterait de forcer un blocus déclaré serait, par ce fait seul, déclaré de bonne prise.

(1) GODCHOT (capitaine), les *Neutres*, p. 106.

CHAPITRE II

LA NEUTRALITÉ ARMÉE ET LA RÉVOLUTION

Peu de temps après la guerre de Sept ans survint la guerre de l'indépendance américaine, qui se place au début de la période la plus importante de l'histoire au point de vue qui nous intéresse.

Dès le commencement de cette guerre, l'Angleterre essaya de mettre de nouveau en pratique son système des blocus fictifs, mais elle fut arrêtée par un obstacle imprévu, le seul d'ailleurs qui fût capable de mettre un frein à ses prétentions. Le gouvernement français avait prêté son appui à la révolte des colonies anglaises de l'Amérique du Nord contre leur métropole. L'Angleterre, irritée, voulut punir la France de cette intervention en faveur des rebelles. Elle édicta, contre la France, un blocus sur papier, en déclarant bloqués tous les ports de France, et en proclamant qu'on saisirait tous les navires qui seraient rencontrés faisant voile vers ces ports. La propriété neutre fut confisquée par les Anglais partout où il fut possible de le faire. Les Anglais usèrent de toutes sortes de violences à l'égard des neutres, et affichèrent les prétentions les plus orgueilleuses. En 1780, le juge de la Cour d'Ami-

rauté britannique, James Marriot, osait, dans un jugement, dire aux équipages de navire hollandais capturés,
ces insolentes paroles qui résument bien l'ambition de
l'Angleterre : « Vous êtes confisqués dès que vous êtes
pris. Par sa position insulaire, la Grande-Bretagne
bloque naturellement tous les ports de l'Espagne et de
la France. Elle a le droit de tirer parti de cette position
comme d'un don qui lui a été accordé par la Provi-
dence. » C'était là une sorte de nouvelle reconnaissance
de la théorie de Selden, accordant à l'Angleterre la
propriété de toutes les mers qui l'environnent.

Cette même année 1780 a, pour ainsi dire, marqué une
ère nouvelle dans le droit maritime moderne. C'est
alors que le blocus commence à se préciser, et à recevoir
des règles fixes et non plus arbitraires (1). Les vexations de l'Angleterre aboutirent à ce que l'on a appelé
la première ligue de la Neutralité armée. L'initiative
de la formation de cette fameuse ligue, provenait,
comme nous allons le voir, de la Russie.

En 1778, l'impératrice de Russie, la célèbre Catherine II, avait, par l'intermédiaire de son ambassadeur à
Copenhague, Sacken, fait des propositions au gouver-
ment de Danemarck qui les avait acceptées avec em-

(1) Il y a lieu de faire remarquer, dans l'histoire du blocus à
cette époque, que le 26 juillet 1778, le gouvernement français
avait publié une ordonnance importante, dont l'article premier
défendait aux navires de guerre français de saisir des vaisseaux
neutres, même s'ils naviguaient d'un port ennemi à un autre,
à moins que ces ports ne fussent assiégés, bloqués ou investis.

pressement. Le but de ces propositions était d'empêcher le renouvellement des actes attentatoires aux droit des neutres. Le ministre danois, M. de Bernstorf, proposait même de demander aux autres puissances leur adhésion aux principes de la liberté de commerce des neutres, et, en particulier, à « la limitation du blocus aux ports réellement bloqués, c'est-à-dire isolés de telle façon qu'il y avait danger évident d'entrer ». La Russie ne donna pas d'abord suite à ce projet. Cependant les négociations reprirent à la fin de 1779 pour aboutir à la célèbre déclaration du 9 mars 1780.

On admet généralement que cette déclaration fut le résultat d'une intrigue de palais, qu'elle fut d'abord arrêtée, sous l'influence de Potemkin, favori de Catherine, dans les termes les plus favorables à l'Angleterre, mais que Panim, chancelier de l'empire, serait parvenu à la faire modifier et à la faire servir, au contraire, à réfréner l'ambition de la Grande-Bretagne. D'après Ferdinand de Cussy (1), notamment, le chevalier Harris, diplomate anglais, fut envoyé en mission par son gouvernement à Saint-Pétersbourg. Il devait jeter les bases d'une alliance entre la Russie et la Grande-Bretagne et la faire signer par Catherine. Un événement fortuit vint même favoriser ses desseins. Deux navires russes, la *Concordia* et la *Saint-Nicolas*, ayant été arrêtés par

____

(1) *Phases et causes célèbres du droit maritime des nations,* t. II, p. 30-34.

des corsaires espagnols, sous prétexte qu'ils étaient destinés à approvisionner la forteresse de Gibraltar, furent conduits à Cadix, et leurs cargaisons confisquées. L'impératrice Catherine, en apprenant cette nouvelle, en conçut, selon de Cussy, une vive irritation. Le comte Panim fut chargé de porter plainte officiellement au chargé d'affaires espagnol, et les préparatifs de guerre furent menés avec une grande activité. Panim, comprenant qu'il lui serait impossible de changer la résolution de l'impératrice, déclara approuver sa conduite, et lui conseilla de donner à sa politique un horizon plus vaste. Il soumit à Catherine un plan de neutralité qui devait faire d'elle la législatrice des mers, et flatter ainsi démesurément son orgueil et son ambition. L'impératrice, complètement séduite, signa cette déclaration, sans se douter qu'elle contrecarrait ainsi les vues du gouvernement britannique, et le projet ne fut connu de ce dernier qu'après avoir reçu son entière exécution.

D'après M. Fauchille, au contraire (1) la Déclaration du 9 mars 1780 fut l'œuvre mûrement réfléchie de Catherine II. Les intrigues du chevalier Harris échouèrent, et Panim ne fut que l'exécuteur fidèle des volontés de sa souveraine. Cependant M. Fauchille trouve que l'honneur d'avoir fait naître la Ligue des neutres est en réalité partagé par Catherine avec M. de Vergennes,

____

(1) *La Diplomatie française et la Ligue des neutres de 1780.*

notre ministre des affaires étrangères, dont la politique
a eu pour résultat de donner à la tsarine l'idée d'imposer sa médiation aux nations en guerre. Catherine II
a néanmoins toujours soutenu que la déclaration du
droit des neutres était son propre ouvrage, et le roi de
Prusse et sir Harris lui-même ont toujours été également
de cet avis. M. Fauchille rapporte (1) une conversation
qui eut lieu, le 24 décembre 1780, entre Catherine II et sir
Harris, dans laquelle, le diplomate anglais se plai-
gnant du mal que causait à son pays la neutralité
armée, l'impératrice lui répondit : « Eh ! quoi, vous
molestez mon commerce, vous arrêtez mes vaisseaux,
et vous ne voulez pas que je me fâche ? J'attache à cela
un intérêt particulier : c'est mon enfant que mon commerce, ce sont mes enfants que mes vaisseaux. »

Quelle qu'en soit l'origine, la Déclaration de 1780 eut,
théoriquement au moins, une grande importance. Elle
proclamait que les droits des neutres étaient contenus
dans 5 principes. Le 4°, qui nous intéresse particulièrement, est ainsi conçu : « Pour déterminer ce qui
caractérise un port bloqué on n'accorde cette dénomination qu'à celui où il y a, par la disposition de la
puissance qui l'attaque avec des vaisseaux *arrêtés
et suffisamment proches*, un danger évident d'entrer ». C'était reconnaître ouvertement que, pour
qu'un blocus fût valablement établi et existât réel-

----

(1) *Op. cit.*, p. 351.

lement, il devait être effectif. Deux conditions étaient mises à cette effectivité. Le belligérant bloqueur devait placer des navires en station devant le port bloqué et à une distance de ce port assez faible pour en rendre l'entrée dangereuse aux puissances non engagées dans les hostilités. « C'était, dit M. Dupuis dans un ouvrage tout récent (1), obliger le belligérant à immobiliser pour chaque blocus une fraction importante de ses forces, c'était le mettre hors d'état de bloquer toutes les côtes, ou même une notable étendue du littoral de ses ennemis ».

La Déclaration du 9 mars 1780 fut communiquée, presque aussitôt sa promulgation, à toutes les puissances neutres. Le 1ᵉʳ avril, elle fut présentée au cabinet de Londres qui répondit « qu'il conformerait sa conduite aux principes les plus clairs et les plus généralement reconnus du droit des gens, qui est la seule loi entre les nations qui n'ont point de traités, et à la teneur de ses différents engagements avec d'autres puissances, lesquels engagements ont varié cette loi primitive par des stipulations mutuelles ». Cette réponse, très vague, indiquait nettement que l'Angleterre ne voulait pas changer sa ligne de conduite. La Hollande, le 13 avril, l'Espagne, le 18 avril, et la France, le 25 avril, adhérèrent aux principes contenus dans la Déclaration. Mais

____

(1) Le *Droit de la guerre maritime d'après les doctrines anglaises contemporaines*, § 165, p. 187.

cette simple adhésion ne suffisait pas pour constituer une vaste Ligue capable de soutenir par la force les principes admis. Cette Ligue ne tarda pas à se former.

L'Angleterre, mécontente, avait forcé le Danemarck à admettre l'extension des marchandises constituant la contrebande de guerre (4 juillet). Quelques jours après, le 8 juillet, le Danemarck adressa aux cours de Londres, Madrid et Versailles une déclaration dans laquelle il protestait contre la façon d'agir de l'Angleterre. Cette déclaration fut suivie le lendemain, 9 juillet, d'une convention importante entre le Danemarck et la Russie, et qui constitue la véritable base de la Ligue de la Neutralité armée. Cette convention reproduit dans les mêmes termes le 4ᵉ principe de la Déclaration du 9 mars 1780, que nous avons cité plus haut. Les deux puissances signataires s'engageaient, en outre, dans le cas de capture illégale de leurs vaisseaux marchands par les belligérants, à agir de concert pour obtenir satisfaction, et à user de représailles contre les nations qui ne reconnaîtraient pas le bien fondé de leurs réclamations.

Le 1ᵉʳ août 1780, la Suède adhéra à la convention entre le Danemarck et la Russie. Cette convention fut ensuite notifiée avec des éclaircissements à l'Angleterre, la France et l'Espagne. L'Angleterre répondit qu'elle s'en référait uniquement aux traités conclus par elle. La France et l'Espagne donnèrent leur assentiment à la formation de la Ligue des neutres. Les Provinces-

Unies accédèrent ensuite au traité du 9 juillet 1780, le 3 janvier 1781. Ce traité reçut également l'adhésion de la Prusse, le 8 mai 1781, de l'Empire, le 9 octobre de la même année, du Portugal, le 13 juillet 1782, et du royaume des Deux-Siciles, le 10 février 1783.

Au printemps de 1783, la Ligue de la Neutralité armée comprenait ainsi la Russie, le Danemarck, la Suède, la Prusse, l'Autriche, le Portugal et les Deux-Siciles. En outre, la France, l'Espagne, la Hollande et les États-Unis avaient consenti à sa formation. Dans ces conditions l'Angleterre se vit forcée de céder, mais elle le fit à regret et en se réservant de reprendre ses prétentions aussitôt qu'elle pourrait le faire sans péril.

La première Ligue de la Neutralité armée avait accompli une réforme importante dans le droit maritime, mais elle n'eut pas les graves conséquences qu'on pouvait en espérer. Elle disparut même avec la guerre qui l'avait amenée, c'est-à-dire avec la paix de Versailles du 3 septembre 1783. L'impératrice Catherine elle même en vint bientôt à tourner son œuvre en dérision en l'appelant la *Nullité* armée. D'ailleurs, certaines puissances, dans leurs actes d'adhésion à la ligue, n'avaient pas fidèlement reproduit les termes de la convention du 9 juillet 1780. C'est ainsi que l'Autriche et les Deux-Siciles, dans leurs actes d'acceptation, avaient dénaturé le texte de la déclaration russe, en parlant de vaisseaux suffisamment proches, et non de vaisseaux arrêtés et suffisamment proches. Ce manque de précision n'était pas seulement une négligence : il paraissait bien avoir pour but d'admettre la validité des blocus *par croisières*, c'est-à-dire des blocus maintenus par des croiseurs allant et venant dans un certain rayon pour surveiller l'étendue des côtes bloquées.

La définition du blocus adoptée par la Déclaration du 9 mars 1780 fut encore reproduite avec quelques variantes dans trois traités conclus par la Russie, le 1er, le 13 juillet 1782, avec le Portugal, le 2e, le 11 janvier 1787 avec la France (art. 27) et le 3e, le 17 janvier 1787, avec les Deux-Siciles (art. 18). Ces traités indiquent qu'il y a blocus caractérisé lorsque le port bloqué « est attaqué par un nombre de vaisseaux proportionné à la force de la place et qui en seront suffisamment proches pour qu'il y ait danger évident d'entrer dans ledit port ». Cette définition admet, non seulement la validité des blocus effectifs, mais encore celle des blocus par croisières (1).

Avant de parler du blocus durant les guerres de la Révolution et de l'Empire, il nous reste à signaler un exemple curieux de traité qui renferme, dans son article 8, une disposition identique à celle du traité du 23 août 1742 entre la France et le Danemarck, qui exige

(1) Un autre traité, conclu par la France et la Grande-Bretagne le 26 septembre 1786, contient sur la contrebande les mêmes dispositions que les anciennes conventions, mais il ajoute que les autres marchandises pourront être transportées même dans les lieux ennemis, excepté seulement dans les places assiégées, bloquées et investies (art. 23) (DE CLERCQ, t. I, p. 157).

pour qu'un port soit réputé bloqué la présence de deux vaisseaux au moins à l'entrée de ce port. C'est un traité signé le 30 juillet 1789 par le Danemarck et la république de Gênes (1).

Lorsqu'éclata la Révolution française, les grandes puissances cessèrent bien vite de se préoccuper des mesures à prendre afin de réfréner l'ambition de l'Angleterre, pour empêcher d'abord la chute de Loüis XVI et, lorsque ce monarque eut été exécuté, pour venger sa mort. L'Angleterre ne tarda pas à en profiter et à revendiquer de nouveau l'empire des mers. Elle ordonna la saisie de tous les navires neutres ayant un port français pour destination, décrétant ainsi toutes les côtes de France en état de blocus. Elle prétendait, pour justifier ce procédé odieux, que les règles du droit des gens ne pouvaient être appliquées à une nation dans un état d'anarchie comme l'était la France. Le célèbre ministre anglais Pitt, en particulier, déclarait, en effet, que la France « devait être détachée du monde commercial et traitée comme si elle n'avait qu'une seule ville, un seul port, et que cette place fût bloquée et affamée par terre et par mer ». Il envoya, le 8 juin 1793 (2), aux commandants des navires de guerre et aux capitaines de ses corsaires, des instructions à ce sujet.

L'article 3 de ces instructions était ainsi conçu : « Dans le cas où Sa Majesté déclare des ports bloqués,

(1) MARTENS, *Recueil*, 2ᵉ éd., t. IV, p. 443.
(2) MARTENS, t. V, p. 596.

les commandants des vaisseaux et les armateurs, qui rencontreront des bâtiments destinés pour ces ports, mais qui étaient sortis des ports de leurs pays respectifs avant l'arrivée de la déclaration du blocus, seront tenus de les avertir et de les engager à aller ailleurs, mais de ne pas les molester, à moins qu'ils ne tentent d'entrer dans le port bloqué. Il en sera de même de tous les vaisseaux partis d'un port de leur pays pour se rendre dans un port déclaré bloqué, après que cette déclaration aura été connue dans le pays d'où ils sont partis, ainsi que de tout navire, qui, ayant appris le blocus dans le cours de son voyage, aura continué sa course dans l'intention d'y entrer ».

Il semble que, devant cette conduite vexatoire de l'Angleterre et devant la coalition des grandes puissances de l'Europe contre la France, les États-Unis, pour l'indépendance desquels nous avions donné notre sang, devaient nous en savoir gré et s'allier avec nous. Ce fut le fait contraire qui se produisit. Les États-Unis se montrèrent ingrats à notre égard. Washington avait cependant déclaré, le 22 avril 1793, que, dans la guerre entre la France et l'Angleterre, les États-Unis conserveraient leur neutralité, et maintiendraient leurs relations d'amitié avec les deux belligérants. Les États-Unis n'en conclurent pas moins avec la Grande-Bretagne, le 19 novembre 1794, un traité secret démentant cette déclaration. Ce traité, qui violait les principes contenus dans le traité signé, le 2 février 1778, par les

États-Unis avec la France, admettait, outre la contrebande ordinaire ou absolue, la contrebande *par accident*. Cette dernière catégorie comprenait toutes les marchandises dont le belligérant avait l'intention de prohiber le commerce, mais ces marchandises n'étaient pas confisquées : la valeur en était payée aux neutres. En outre, les États-Unis donnaient, dans ce traité, leur approbation au blocus déclaré par l'Angleterre sur les côtes de France. Cette convention fut tenue secrète par les États-Unis jusqu'en 1796, époque à laquelle la France réclama contre les violations apportées par les États-Unis au traité de 1778.

Les réclamations de la France restèrent sans résultat et le Directoire rendit, le 2 mars 1797, un décret abrogeant le traité de 1778 et déclarant les marchandises anglaises confiscables sur les navires américains.

En 1795, les États-Unis avaient également signé avec l'Espagne un traité dans lequel il était fait allusion à la réalité du blocus. L'article 16 de ce traité déclarait, en effet, que « toutes les marchandises neutres pouvaient être transportées librement dans les ports de l'ennemi, pourvu que ces ports ne fussent point assiégés, bloqués ou investis *en réalité* ».

Pour justifier la conduite des États-Unis à l'égard de la France, il ne suffit pas de dire que les États-Unis, étant isolés, furent forcés de traiter avec leur ancienne métropole, car le Danemarck, qui fut toujours un État faible, ne suivit pas les mêmes erre ments. Ce fut même le Danemarck qui, le premier, refusa de se soumettre aux exigences de l'Angleterre et de cesser tout commerce avec la France.

L'exemple du Danemarck fut bientôt suivi par la Suède : le 27 mars 1794, elle s'unit au Danemarck pour proclamer de nouveau les principes de la Neutralité armée de 1780. Pour faire respecter leurs droits, les deux puissances neutres furent obligées de faire con voyer leurs bâtiments de commerce par des navires de guerre. Mais ces convois ne furent pas longtemps respectés par l'Angleterre : elle les contraignit bientôt à une visite rigoureuse (1798). Les succès de l'Angleterre sur mer eurent, d'ailleurs, pour effet d'accroître son orgueil et ses prétentions. Aussi, en 1798, étendit-elle le blocus fictif des côtes françaises à tous les ports et à toutes les embouchures de fleuves et de rivières de la Belgique.

Pendant ce temps, le Directoire avait pris contre les États-Unis de nouvelles mesures de représailles des plus rigoureuses. Au début de 1799, il changea sa manière d'agir en faisant des avances au gouvernement américain. Ces négociations furent reprises activement par le Premier Consul, après le 18 brumaire et la mort de Washington ; elles aboutirent au traité de Mortfontaine, signé par les deux puissances le 30 septembre 1800. Ce traité, avant de cimenter une nouvelle alliance entre la France et les États-Unis, mettait fin au conflit entre les deux puissances et réglait provisoirement leurs relations. Il renfermait sur les effets du blocus un article important, l'article 12, qui contient les dispositions suivantes : « Dans le cas, comme il arrive souvent, où les vaisseaux feraient voile pour une place ou port appartenant à un ennemi, ignorant qu'ils sont bloqués, assiégés ou investis, il est convenu que tout navire qui se trouvera dans une pareille circonstance sera détourné de cette place ou port, sans qu'on puisse le retenir ni confisquer aucune partie de la cargaison (à moins qu'elle ne soit de contrebande ou qu'il ne soit prouvé que ledit navire, après avoir été averti du blocus ou investissement, a voulu entrer dans ce même port), mais il lui sera permis d'aller dans tout autre port ou place qu'il jugera convenable. Aucun navire de l'une ou de l'autre nation, entré dans un port ou place avant qu'ils aient été réellement bloqués, assiégés ou investis par l'autre, ne pourra être empêché de sortir avec sa cargaison. S'il s'y trouve lorsque ladite place sera rendue, le navire et sa cargaison ne pourront être confisqués, mais seront remis aux propriétaires ».

Comme on le voit, cet article interprète le droit de blocus dans le sens le plus libéral à cette époque. Le même article, au début, règlementait la liberté de navigation de la même façon que les traités précédemment signalés.

Le traité de Mortfontaine consacrait aussi les principes : Navires libres, marchandises libres ; navires ennemis, marchandises ennemies.

Cette même année 1800, qui avait vu l'accord se rétablir entre la France et les États-Unis, vit également se renouveler contre l'Angleterre la ligue de la Neutralité armée. Nous avons vu qu'en 1794, la Suède et le Danemarck s'étaient déjà unis pour soutenir les droits des neutres. L'Angleterre n'en continua pas moins à appliquer ses procédés vexatoires à l'égard des neutres. C'est ainsi, notamment, qu'à la fin de juillet 1800, la frégate danoise *La Freya*, qui escortait un convoi dans la Manche, fut arrêtée par une escadre anglaise qui prétendit soumettre le convoi à la visite. *La Freya*, ayant résisté, fut contrainte par la force de céder, et le convoi fut conduit aux Dunes. Malgré les plaintes du Danemack, représenté par M. de Bernstorff, la Grande-Bretagne vit dans cet événement, non pas une résistance légale dans le but de faire respecter le droit des gens, comme le soutenait le Danemarck, mais une insulte faite à son pavillon, et une agression préméditée. Elle en tirait cette conclusion que les navires danois arrêtés étaient de bonne prise. Le comte de Bernstorff ayant proposé la médiation de la Russie, cette proposition fut repoussée par l'Angleterre, qui envoya une flotte s'embosser devant Copenhague. Les circonstances, néanmoins, la déterminèrent à signer avec le Danemarck une convention qui ajournait la discussion, en prescrivant de relâcher *La Freya* et le convoi escorté par elle.

C'était la conduite de la Russie qui avait fait provisoi

rement céder l'Angleterre. Dès le 16 août 1800, en effet, le czar Paul Ier avait adressé aux puissances du Nord une déclaration les engageant à renouveler l'alliance de 1780, pour faire respecter les droits des neutres. L'Angleterre, malgré cette déclaration, ne se lassait pas de froisser les nations neutres en portant atteinte à l'honneur de leur pavillon. Aussi les quatre puissances qui avaient eu le plus à souffrir de la conduite de l'Angleterre, le Danemarck, la Suède, la Prusse et la Russie, se décidèrent-elles à signer entre elles un nouvel acte de neutralité armée les 16, 18 et 20 décembre 1800. La Déclaration du 9 mars 1780 exigeait, pour qu'un port fût considéré comme bloqué, la présence devant ce port de navires de guerre en nombre suffisant et stationnant assez près les uns des autres pour rendre l'entrée des navires dans le port, évidemment périlleuse. L'article 3 de la Convention de 1800 consacre une disposition analogue : « Pour déterminer, dit-il, ce qui caractérise un port en état de blocus, on ne doit comprendre sous cette dénomination que celui dont l'entrée est évidemment dangereuse, par suite de dispositions de la puissance qui l'attaque avec des vaisseaux destinés à cette opération et à une proximité suffisante ; on ne peut regarder comme contrevenant à la présente convention que le bâtiment qui entre dans un port bloqué, ou celui qui, après avoir été averti par le commandant du blocus de l'état du port, tâche d'y pénétrer par l'emploi de la force ou de la ruse. »

Devant la formation d'une seconde ligue de neutralité armée, l'Angleterre, émue et troublée, prit d'abord des mesures d'embargo rigoureuses. Le 15 janvier 1801, le ministre des affaires étrangères anglais, lord Grenville, protestait, dans une note adressée au Danemarck et à la Suède, contre la nouvelle ligue des neutres. « On sait assez, disait-il, dans quelle vue hostile on tenta, en 1780, d'établir un nouveau Code des droits maritimes, et de soutenir par la force un système d'innovations nuisibles aux plus chers intérèts de l'empire britannique. L'admission de ces principes, si elle devait jamais avoir lieu, tarirait infailliblement une des principales sources de sa force et de sa sûreté ».

Pour détruire la ligue du Nord, la Grande-Bretagne commença par déclarer la guerre aux puissances de la Baltique. Le Danemarck fut attaqué le premier et Copenhague assiégée le 2 avril 1801. Un armistice heureusement ne tarda pas à intervenir. Paul Ier ayant été assassiné dans la nuit du 23 au 24 mars précédent, la Russie conclut, le 17 juin 1801, un traité avec l'Angleterre, dans lequel elle admettait les prétentions de cette dernière. L'Angleterre paraissait, cependant, adopter, dans ce traité, les principes de la Neutralité armée. Elle reconnaissait, en effet, que, pour qu'un port fût considéré comme bloqué, « on n'accordait cette dénomination qu'au port où il y avait par la disposition de la puissance qui l'attaquait avec des bâtiments arrêtés ou suffisamment proches, un danger évident d'entrer ».

On a bien souvent fait remarquer (1) la différence importante qui résultait de la simple substitution de la particule *ou* à la particule *et*. L'Angleterre n'était pas obligée, pour maintenir le blocus, d'avoir des vaisseaux arrêtés, une flotte stationnée : il suffisait que ces vaisseaux fussent suffisamment proches du port bloqué ; elle pouvait, par conséquent, employer uniquement à cet effet des croiseurs, et organiser ainsi un blocus par croisières, blocus qui n'est, nous l'avons déjà dit, qu'une des variétés du blocus fictif.

La diplomatie anglaise avait donc triomphé et réussi, par une modification, en apparence insignifiante, à sauvegarder les principes qu'elle avait toujours mis en avant. On parlait bien, il est vrai, dans le traité de 1801, d'un danger évident d'entrer. Aussi, lord Grenville blâma-t-il au Parlement, comme une imprudence, la disposition qui faisait dépendre d'une particule la puissance et la dignité de l'Angleterre. Cette déclaration impliquait bien que l'Angleterre n'avait aucunement l'intention de renoncer à ses principes. Mais le résultat de ce léger changement dans les termes du traité fut d'égarer l'opinion des adversaires de la Grande-Bretagne sur les intentions de celle-ci, ils la crurent disposée à de meilleurs sentiments à leur égard, et n'appréciè-

(1) V. en particulier ORTOLAN, *Règles*, t. II, p. 331 ; GESSNER, *le Droit des neutres sur mer*, p. 178 ; FAUCHILLE, *Blocus*, p. 91 ; CALVO, *Droit international*, t. V, p. 186 ; GODCHOT, *les Neutres*, p. 167.

rent pas pleinement la différence de portée que pouvaient avoir l'exigence de deux conditions d'effectivité pour le blocus, ou l'exigence d'une seule de ces conditions. Le Danemarck et la Suède ne persévérèrent pas longtemps dans leur résistance contre l'Angleterre. La convention anglo-russe fut ratifiée par le Danemarck le 23 octobre 1801 (1), et par la Suède le 30 mars 1802 (2).

Le traité de 1801 reconnaissait implicitement la domination britannique sur les mers. La France se trouva dès lors seule pour lutter contre l'Angleterre. Aussi la lutte fut-elle bientôt achevée entre les deux puissances. Le 27 mars 1802, elles signaient entre elles la paix d'Amiens. Dans cette paix le droit maritime international ne tenait aucune place, et il n'y avait pas un seul mot pour consacrer les droits des neutres si manifestement violés, depuis 1775, par la Grande-Bretagne.

La paix d'Amiens ne fut qu'une courte trève apportée à la lutte de Bonaparte contre l'Angleterre. Dès 1803, elle était outrageusement violée par la Grande-Bretagne, et Bonaparte formait le projet d'aller attaquer cette puissance chez elle. Les préparatifs d'embarquement étaient menés très activement à Boulogne, et le Hanovre occupé par les troupes françaises. L'Angleterre se décida aussitôt à sévir. Deux ordres du Conseil des 28 juin et 26 juillet mirent les embouchures de l'Elbe

(1) MARTENS, t. VII, p. 273.
(2) MARTENS, t. VII, p. 276.

et du Weser en état de blocus par une simple déclaration ; ils furent complétés par un autre ordre du Conseil du 9 août 1804, qui proclamait le blocus des ports français du canal et de la mer du Nord.

C'est durant ce dernier blocus que la haute cour d'amirauté d'Angleterre condamna à plusieurs reprises des navires qui s'étaient approchés d'un port bloqué sans intention d'y entrer et dans le seul but de prendre un pilote pour les conduire dans un autre port non bloqué. La *Charlotte Christine*, notamment, fut ainsi capturée pour s'être rapprochée de la côte du Havre, port en état de blocus, afin d'y prendre un pilote pour le port de Caen. Ce navire danois fut déclaré de bonne prise par un jugement de Sir William Scott qui fit, en le prononçant, cette déclaration : « Il est possible que l'intention de ce navire ait été innocente, mais la cour est dans la nécessité d'agir sous la prévention qu'entraîne une telle conduite, et d'en inférer qu'il avait une intention coupable. » C'était reconnaitre l'interdiction de toute communication avec un port bloqué.

Il y a lieu, cependant, de faire remarquer que, en 1804, dans les pays d'outre-mer, l'Angleterre reconnaissait, en théorie, contrairement à la pratique qu'elle suivait généralement, l'effectivité comme une condition nécessaire à la validité du blocus. Le gouvernement anglais, en effet, envoya à cette époque aux commandants maritimes et aux juges des cours de vice-amirauté l'ordre de ne pas considérer comme existant le blocus des îles françaises des Indes occidentales, si ce n'est à l'égard des ports investis en réalité, et de ne capturer les navires se dirigeant vers ces ports qu'après leur avoir notifié préalablement le blocus. Il est vrai que ces instructions n'avaient été données par l'Angleterre que sur les représentations des États-Unis.

Aussitôt que Napoléon eut été couronné empereur, il écrivit au roi d'Angleterre pour lui proposer la paix. Le gouvernement anglais repoussa toute négociation. La guerre reprit donc entre les deux puissances. Cette nouvelle guerre maritime devait être plus terrible que les autres, et avoir des conséquences bien plus importantes sur le commerce des puissances européennes. Ce fut elle en effet qui vit s'épanouir définitivement la pratique des blocus fictifs universels avec le système du Blocus continental.

CHAPITRE III

Pour être en mesure de porter un jugement sur le Blocus continental établi par Napoléon, il faut voir dans quelles circonstances ce blocus a été déclaré.

Napoléon avait pris contre l'Angleterre une première mesure dans le traité qu'il avait fait signer par la Prusse le 15 février 1806. Dans ce traité, la Prusse s'engageait à fermer à l'Angleterre les fleuves de la mer du Nord et les ports de son royaume, et à interdire aussi à cette puissance l'accès des rivages occupés par les armées françaises. Le 26 mars suivant, parut une publication prussienne qui prohibait aux navires anglais l'entrée de l'Elbe, du Weser et des ports et rivières avoisinants.

La réponse du cabinet anglais à cette interdiction ne se fit pas attendre. Le 8 avril, une note circulaire de ce cabinet mettait en état de blocus l'embouchure des rivières de l'Ems, du Weser, de l'Elbe et de la Trave ; le 20 avril, l'embargo était mis par un ordre du Conseil britannique sur les navires prussiens stationnant dans les ports de la Grande-Bretagne. L'Angleterre ne s'arrèta pas là. Par un ordre du Conseil plus important du 16 mai 1806, elle déclara bloqués tous les ports, rivières et côtes depuis l'Elbe jusqu'à Brest. Cette déclaration fut adressée par M. Fox, ministre des affaires étrangères anglais, à M. Monroë, ministre des États-Unis à Londres, dans les termes suivants :

« Le roi, considérant comme extraordinaires les nouvelles mesures prises par l'ennemi pour entraver le commerce de ses sujets, a jugé à propos de faire donner des ordres pour mettre en état de blocus les côtes, rivières et ports à partir de la rivière de l'Elbe jusqu'au port de Brest, inclusivement, et faire considérer ces rivières et ports comme actuellement bloqués. Cependant Sa Majesté veut bien déclarer que ce blocus n'empêchera pas les navires neutres, chargés de marchandises non appartenant aux ennemis de Sa Majesté, et qui ne sont pas de contrebande de guerre, d'approcher de ces côtes, d'entrer dans ces rivières et ports et d'en sortir (excepté cependant la côte, les rivières et ports depuis Ostende jusqu'à la Seine, qui se trouvent depuis longtemps sous le blocus le plus strict et qui y sont encore), pourvu que les vaisseaux qui s'approcheront ainsi et entreront dans ces rivières et ports (non compris sous le blocus strict) n'aient pas été chargés dans un port appartenant aux ennemis de Sa Majesté ou en leur possession, et qu'en sortant de ces rivières ou ports (non compris sous le blocus strict) ils ne soient pas destinés pour un port appartenant aux ennemis de Sa Majesté ou en leur possession, et n'aient pas préalablement violé le blocus.

M. Monroë est donc prié d'informer les consuls et négociants américains résidant dans ce pays, des mesures prises par Sa Majesté, et que, dès lors, on mettra en exécution tout ce qui est autorisé par le droit des gens et les traités entre Sa Majesté et les puissances neutres contre les vaisseaux qui violeraient le blocus établi par cette notification. »

Ainsi, dans cette déclaration, l'Angleterre faisait une distinction entre le blocus strict établi depuis Ostende jusqu'à la Seine, et le blocus établi sur toutes les côtes prussiennes et françaises de la mer du Nord et de la Manche. En réalité, ces deux blocus étaient aussi fictifs l'un que l'autre. Comme le fait avec raison remarquer Cussy (1), l'Angleterre « prononçait l'interdit commercial contre une rade de 200 lieues, c'est-à-dire d'une quantité de ports telle que toute la marine anglaise n'aurait pu suffire à effectuer le blocus, conformément aux dispositions contenues dans la célèbre Déclaration de 1780 ». L'Angleterre inaugurait ainsi les blocus universels sur papier : elle n'essaya même pas d'employer au blocus les moyens dont elle pouvait disposer, et soutint, cependant, toujours par la suite, que les blocus par elle notifiés étaient appuyés par des forces suffisantes pour les faire respecter. Ces forces ne consis-

______

(1) *Phases...*, t. II, p. 244.

taient qu'en quelques navires de guerre croisant sur les côtes prétendues bloquées. C'étaient donc à peine de simples blocus par croisières qu'elle établissait.

Cette même année 1806 vit déclarer, avant le fameux décret de Berlin, d'autres blocus. La Russie, le 2 mars, avait déclaré bloquées toutes les côtes de la mer Adriatique qui appartenaient aux Français ou qui, bien qu'appartenant aux États neutres, étaient soumises à l'occupation française. L'Angleterre, par une note du 26 juillet, mit également Venise en état de blocus. Enfin la Suède, adoptant le parti de l'Angleterre, établit le blocus de tous les ports de la Prusse, depuis Memel jusqu'à la Péene. La Prusse, dont le commerce et la richesse subissaient ainsi de fortes atteintes, se vit dans la nécessité de signer la paix avec la Suède. La conséquence de ce fait fut un ordre du Conseil britannique du 25 septembre 1806 qui leva le blocus des ports prussiens, c'est-à-dire de celui de l'Elbe jusqu'à l'Ems (1).

Quelle fut la conduite de Napoléon Ier devant les procédés iniques employés par l'Angleterre? Le résultat des prétentions exorbitantes de cette nation fut de faire germer dans l'esprit de l'Empereur une conception

---

(1) Pendant ce temps, l'Angleterre se servait des navires américains pour faire entrer ses marchandises en Hollande et en France. Les négociants et armateurs des États-Unis consentaient, pour réaliser des bénéfices, à charger leurs bâtiments de denrées anglaises qu'ils amenaient dans nos ports. En entrant dans ces ports, ils déclaraient venir directement d'Amérique et n'avoir rencontré sur mer aucun Anglais.

prodigieuse. Napoléon voulut dominer la mer par la terre, et tarir la richesse de l'Angleterre dans sa source, en fermant aux Anglais le Continent, comme ils lui avaient fermé l'Océan. « Il conçut les pensées les plus gigantesques qu'il ait enfantées de sa vie (1). » Il élabora, en effet, le système du Blocus continental, système qui, il faut bien l'avouer, ne le cédait en rien pour la violence à la politique de la Grande-Bretagne, et qui eut pour principale conséquence une entrave considérable apportée au commerce de l'Europe entière pendant de longues années.

Cependant Napoléon, en édictant ses mesures les plus rigoureuses, n'avait pour but que de répondre par de justes représailles aux injustes procédés de l'Angleterre. La prospérité maritime de la Grande-Bretagne était la conséquence de ses violations manifestes du droit des gens. On peut même dire, avec Rayneval (2), que, « c'est l'extension successive que le gouvernement britannique a donnée à sa jurisprudence, qui a fait perdre de vue les principes relatifs à la liberté naturelle de la mer, et qui a été la cause première de toutes les altérations qu'ils ont éprouvées, comme des entraves mises à la navigation en temps de guerre. Sa position entre les mers du Nord et de l'Ouest, et l'avantage de n'avoir aucun contact continental, favorisent les mesures arbi-

(1) THIERS, *Histoire du Consulat et de l'Empire*, t. VII, p. 217.
(2) *La Liberté des Mers*, Avant-Propos, p. 14.

traires que ses vues politiques, son intérêt commercial ou sa jalousie peuvent lui suggérer. »

Nous allons maintenant entrer dans l'examen des mesures prises par Napoléon et de celles prises en retour par la Grande-Bretagne.

Ce fut le 21 novembre 1806, par le célèbre décret de Berlin (1), que Napoléon institua son système. Ce décret était une œuvre mûrement réfléchie, comme le prouve un projet renfermé aux Archives nationales et dont la rédaction diffère sensiblement de celle qui fut définitivement adoptée. Par le décret de Berlin, que nous allons analyser et qui devait recevoir son application, non seulement en France, mais encore dans les pays occupés par nos armées, c'est-à-dire en Hollande, en Allemagne, en Espagne et en Italie, les Iles Britanniques étaient déclarées complètement en état de blocus (art. 1er). L'article 2 interdisait tout commerce et toute correspondance avec les Iles Britanniques, sous peine de destruction des lettres ou paquets adressés en Angleterre ou à un Anglais. L'article 3 disait que tout sujet de l'Angleterre, trouvé dans les pays occupés par nos troupes ou par celles de nos alliés, serait fait prisonnier de guerre. D'après l'article 4, toute marchandise et toute propriété appartenant à un sujet anglais devaient être déclarées de bonne prise. L'article 5 défendait le commerce des marchandises anglaises, et l'ar-

(1) DE CLERCQ, t. II, p. 194.

ticle 7 l'entrée dans tout port de tout bâtiment venant directement de [l'Angleterre ou des colonies anglaises. L'article 8 ordonnait la confiscation des navires qui contreviendraient à la disposition précédente, et de leur cargaison, et l'article 6 accordait la moitié du produit de la confiscation des marchandises, déclarées de bonne prise par les articles 4 et 5, aux négociants ayant subi des pertes par suite de captures de bâtiments de commerce faites par les croisières anglaises.

Pour justifier la rigueur de telles mesures, Napoléon invoquait, dans le préambule du traité, les motifs suivants : « Considérant 1° que l'Angleterre n'admet point le droit des gens suivi universellement par tous les peuples policés ; 2° qu'elle répute ennemi tout individu appartenant à l'État ennemi, et fait, en conséquence, prisonniers de guerre, non seulement les équipages des vaisseaux armés en guerre, mais encore les équipages des vaisseaux de commerce et des navires marchands, et même les facteurs de commerce et les négociants qui voyagent pour leurs affaires de négoce ; 3° qu'elle étend aux bâtiments et marchandises de commerce et aux propriétés des particuliers le droit de conquête qui ne peut s'appliquer qu'à ce qui appartient à l'État ennemi ; 4° qu'elle étend aux villes et ports de commerce non fortifiés, aux havres et aux embouchures de rivières, le droit de blocus qui, d'après la raison et l'usage de tous les peuples policés, n'est applicable qu'aux places fortes ; qu'elle déclare bloquées des

places devant lesquelles elle n'a même pas un seul
bâtiment de guerre, quoiqu'une place ne soit bloquée
que quand elle est tellement investie qu'on ne puisse
tenter de s'en approcher sans un danger éminent, qu'elle
déclare même en état de blocus des lieux que toutes ses
forces réunies seraient incapables de bloquer, des côtes
entières et tout un Empire, 5° que cet abus monstrueux
du droit de blocus n'a d'autre but que d'empêcher les
communications entre les peuples, et d'élever le commerce et l'industrie de l'Angleterre sur la ruine de
l'industrie et du commerce du continent, 6° que, tel
étant le but évident de l'Angleterre, quiconque fait, sur
le continent, le commerce des marchandises anglaises,
favorise par là ses desseins et s'en rend complice,
7° que cette conduite de l'Angleterre... a profité à cette
puissance au détriment de toutes les autres, 8° qu'il est
de droit naturel d'opposer à l'ennemi les armes dont il
se sert, et de le combattre de la même manière qu'il
combat, lorsqu'il méconnaît toutes les idées de justice
et tous les sentiments libéraux, résultat de la civilisation
parmi les hommes;

Nous avons résolu d'appliquer à l'Angleterre les
usages qu'elle a consacrés dans sa législation maritime. »

Ces raisons étaient suffisantes pour excuser le décret
de Berlin, mais non pour le légitimer. Elles montraient
bien quelle était la politique adoptée par la Grande-
Bretagne en temps de guerre, et quels étaient à l'opposé
les véritables principes du droit international maritime.

Cependant, Napoléon avait tort de dire, dans son 4ᵉ motif, que, « d'après la raison et l'usage de tous les peuples policés, le droit de blocus n'était applicable qu'aux places fortes ». Il a toujours été, au contraire, communément admis, jusqu'à présent, par la pratique générale que le blocus s'étend à tous les ports, aussi bien les ports de commerce que les ports de guerre de l'État contre lequel est édicté ce blocus. Napoléon devançait de beaucoup son temps en faisant une allégation de cette sorte. Il le devançait également, quand il disait, à la fin du préambule du décret, que le droit de la guerre « était un et le même sur terre que sur mer, et qu'il ne pouvait s'étendre aux propriétés privées ».

Le décret de Berlin produisit, dès sa promulgation, une impression extraordinaire sur l'Europe ; Napoléon se mit en demeure ausssitôt de le faire observer. Il adressa le texte du décret aux gouvernements de Hollande, d'Espagne et d'Italie, en leur ordonnant d'en poursuivre de suite l'exécution. Le décret fut également notifié aux villes hanséatiques, et Mortier envoyé par Napoléon en Allemagne pour surveiller les embouchures de l'Elbe et du Weser et couler tout navire qui tenterait de violer le blocus.

L'Angleterre ne voulut pas paraître intimidée par le décret de Berlin, et sa conduite, dans la circonstance, confirma cette phrase célèbre de Montesquieu (1) qui

(1) *Esprit des Lois,* l. xxx, ch. 27.

s'applique si bien à elle : « L'empire de la mer a toujours donné aux peuples qui l'ont possédé une fierté naturelle, parce que, se sentant capables d'insulter partout, ils croient que leur pouvoir n'a pas plus de bornes que l'Océan ».

Le 7 janvier 1807, parut un nouvel ordre du Conseil (1), dans lequel le cabinet britannique, prétendant que les flottes de la France et de ses alliés étaient enfermées dans leurs propres ports par la bravoure de la marine anglaise, se déclarait résolu à agir uniquement par voie de *représailles*, et mettait, en conséquence, *tous les ports de la France et de ses colonies* en état de blocus. L'Angleterre faisait application du droit de prévention et du droit de suite, tandis que Napoléon n'usait que du premier de ces droits. La marine anglaise, soutenait le gouvernement de la Grande-Bretagne, était en mesure de rendre un tel blocus efficace ! Il n'est pas douteux, cependant, que les mesures prises par l'Angleterre ne pouvaient être exécutées par elle, et qu'elle commettait là un nouvel abus dans ses prétentions.

L'Angleterre espérait, par cet ordre du Conseil, forcer Napoléon à abandonner son système de blocus continental. Cet espoir fut déjoué. Bien que les neutres consentissent souvent à se soumettre aux exigences du gouvernement britannique, Napoléon se préoccupa, dans le cours de l'année 1807, d'assurer l'observation du décret

(1) MARTENS, t. I, p. 444.

de Berlin. Au mois de juillet, il fit saisir à Leipzig une quantité considérable de marchandises anglaises. La factorerie anglaise de Hambourg fut enlevée et plus de cent mille lettres anglaises ou adressées à des Anglais furent brûlées. Napoléon menaça d'occuper la Hollande avec ses troupes, si cette puissance, par l'insouciance de son roi, n'observait pas davantage les mesures qu'il avait prises contre l'Angleterre. Enfin, divers décrets réglementaires imposèrent aux vaisseaux chargés de denrées coloniales l'obligation de porter avec eux des certificats d'origine délivrés par les agents français.

D'autre part, Napoléon signait à Tilsitt, outre un traité de paix avec la Russie, un traité d'alliance secret avec elle (1), qui contenait, notamment, les dispositions suivantes : « Si l'Angleterre refuse la médiation de la Russie ou si, l'ayant acceptée, elle n'a point, au 1ᵉʳ novembre 1807, conclu la paix, reconnu les vrais principes du droit maritime international et restitué les colonies de la France et de ses alliés prises par elle depuis 1805, la Russie lui notifiera son alliance offensive et défensive avec la France. Si le cabinet de Londres ne fait pas à cette notification une réponse satisfaisante, la France et la Russie sommeront la Suède, le Danemarck et le Portugal de fermer leurs ports et de déclarer la guerre aux Anglais (art. 4 et 5) ».

Napoléon espérait, par cette alliance avec la Russie,

____

(1) DE CLERCQ, t. II, p. 244.

imposer par la force à l'Europe et aux États-Unis son système du Blocus continental. Conformément au décret de Berlin, il fit arrêter les vaisseaux américains qui continuaient à favoriser les desseins de l'Angleterre et les fit mettre sous séquestre. L'Angleterre, cependant, ne se déclara pas encore vaincue. Son ordre du Conseil du 7 janvier étant resté infructueux, elle résolut d'employer les moyens les plus violents et de frapper un grand coup. C'est alors que fut exécutée par elle cette expédition contre le Danemarck qui aboutit au bombardement de Copenhague. Cette violation inouïe du droit des gens souleva l'indignation générale des peuples civilisés et eut pour conséquences l'adhésion, par le traité de Fon tainebleau du 30 octobre 1807, du Danemarck au Blocus continental, et la déclaration de la Russie à l'Angleterre du 26 octobre précédent. Dans cette déclaration, qui était une véritable déclaration de guerre, le czar « proclamait de nouveau les principes de la Neutralité armée, ce monument de la sagesse de l'impératrice Catherine et s'engageait à ne jamais déroger à ce système ». Le 10 octobre, l'Autriche avait également, par une convention additionnelle au traité de Presbourg, adhéré au Blocus continental et, à la fin de novembre, le Portugal était occupé par les troupes françaises, et la Péninsule entière fermée au commerce britannique.

L'Angleterre ne tarda pas à remarquer que les blocus sur de grandes étendues, véritables interdictions de commerce, lui étaient beaucoup moins profitables qu'à la France. Or elle voulait s'emparer du monopole du commerce de l'univers, par la ruine aussi bien de ses amis que de ses ennemis et rester ensuite maîtresse absolue de ce commerce. Le décret de Berlin avait eu pour conséquence, en 1807, comme le fait observer Thiers (1), d'activer l'industrie française. Les fils et les étoffes de coton, les soieries, les draps, fabriqués en France en grande abondance, remplaçaient les produits anglais analogues. Napoléon encourageait le retour au luxe pour faciliter cet essor de notre industrie. Aussi l'Angleterre, pour obvier à ces inconvénients, abandonna-t-elle son système d'exclusion pour en employer un autre plus efficace.

Plusieurs ordres du Conseil parurent les 11 et 25 novembre 1807. Il était dit, dans ces ordres du Conseil, pour faire comprendre les motifs qui en avaient fait adopter les dispositions, que le décret du 7 janvier précédent n'avait pas atteint le but proposé, « savoir : ou d'engager l'ennemi à retirer ses ordres, ou d'engager les nations neutres à en obtenir la révocation », que ces ordres (de l'ennemi) avaient été au contraire renouvelés avec rigueur, et que le roi d'Angleterre se voyait forcé dans ces circonstances « de recourir à d'autres mesures pour soutenir et défendre ses justes droits et pour conserver cette puissance maritime qu'il a établie et maintenue jusqu'à présent ».

(1) *Op. cit.*, t. VIII, p. 131.

La principale raison de la conduite de l'Angleterre était donc son désir de maintenir sa domination commerciale sur les mers, et le blocus sur papier était à cet effet le moyen le plus efficace. En conséquence, le gouvernement anglais ordonnait que tous les ports et places de France ou de ses alliés, ou de tout autre pays, en guerre avec l'Angleterre, ou qui, sans être en guerre avec l'Angleterre, serait assez soumis à l'influence française pour avoir adhéré au système continental, seraient soumis « aux mêmes restrictions que s'ils étaient *étroitement bloqués* » par les forces maritimes anglaises. Tous les vaisseaux trafiquant avec ces pays devaient être déclarés de bonne prise, ainsi que leurs chargements. L'expression vague « nations assez soumises à l'influence française pour avoir adhéré au système continental », permettait à l'Angleterre, par son défaut de précision, d'étendre le blocus fictif à tous les points du littoral du globe qu'il lui plairait d'indiquer. Une autre disposition, également vague, des ordres du Conseil punissait de confiscation les vaisseaux ou marchandises qui devaient y être soumis « pour être entrés ou sortis d'un port ou d'une place bloqués, ou pour être propriétés ennemies ou pour une *raison quelconque* ». Cependant, les navires appartenant à une contrée non en guerre avec la Grande-Bretagne avaient la faculté d'entrer librement dans les ports du Royaume-Uni ou de ses colonies, et d'en sortir pour aller dans un port quelconque, à la condition formelle de toucher en Angleterre ou dans les pays sous la domination anglaise, pour y amener des marchandises ou pour en prendre. Ces navires devaient acquitter des droits de douane dont le montant s'élevait générale ment à 25 0/0. Les bâtiments qui n'auraient pas fait relâche dans les ports anglais ou qui possèderaient dans leurs papiers des certificats d'origine, délivrés par des agents français, devaient être déclarés de bonne prise, ainsi que leurs marchandises.

L'Angleterre, par ces mesures, voulait faire passer tout commerce maritime par ses ports : en imposant aux neutres une humiliante formalité, son but était de rendre les autres nations ses tributaires et de les assujettir à sa domination. En outre, les Anglais étaient sûrs, de cette façon, d'écouler chez nous, à l'aide de navires neutres pourvus de faux papiers, les denrées de leurs colonies qui ne différaient pas des autres de même nature, d'après le pays d'origine.

Il convient de remarquer, cependant, que ces ordres du Conseil ne furent pas édictés sans protestation de la part des Anglais eux-mêmes. Au sein même du parlement britannique, lord Erskine les blâma ouvertement et proposa une résolution tendant à faire déclarer que les ordres du 11 novembre étaient inconstitutionnels et contraires au droit des gens. Lord Petty, chancelier de l'échiquier, déclara également inconstitutionnel et contraire à la Grande Charte tout ce qui, dans l'ordre du Conseil du 25 novembre, concernait les licences accordées aux neutres et leur permettait, par un simple acquittement de droits, de jouir des privilèges qui, auparavant, appartenaient exclusivement aux sujets anglais.

Napoléon reçut à Milan les ordres du Conseil des 11 et 25 novembre. Il n'attendit pas de plus amples renseignements pour répondre à cette nouvelle attaque de l'Angleterre, et il voulut lui porter un coup décisif. Le 17 décembre, il signait le fameux décret de Milan, qui établissait le blocus continental le plus rigoureux et fut le dernier mot de la conception qu'il avait formée.

Dans le préambule de ce décret, Napoléon indiquait que le gouvernement anglais, par ses ordres du Conseil, avait dénationalisé les bâtiments de toutes les nations de l'Europe, que les souverains étaient solidaires de l'indépendance de leur pavillon et que, si on laissait consacrer par l'usage la tyrannie anglaise, les Anglais ne tarderaient pas à l'établir en droit, comme ils l'avaient déjà fait dans leur extension arbitraire du droit de blocus. En conséquence, l'empereur décrétait les dispositions suivantes :

ARTICLE PREMIER. — Tout bâtiment, de quelque nation qu'il soit, qui aura souffert la visite d'un vaisseau anglais ou se sera soumis à un voyage en Angleterre, ou aura payé une imposition quelconque au gouvernement anglais, est par cela seul dénationalisé, a perdu la garantie de son pavillon et est devenu propriété anglaise.

ART. 2. — Soit que lesdits bâtiments ainsi dénationalisés par les mesures arbitraires du gouvernement anglais, entrent dans nos ports ou dans ceux de nos alliés, soit qu'ils tombent au pouvoir de nos vaisseaux de guerre ou de nos corsaires, ils sont déclarés de bonne prise.

Art. 3. — Les Iles Britanniques sont déclarées en état de blocus, sur mer comme sur terre. Tout bâtiment, de quelque nation qu'il soit, quelque soit son chargement, expédié des ports d'Angleterre ou des colonies anglaises, ou des pays occupés par les troupes anglaises, ou allant en Angleterre, ou dans les colonies anglaises, ou dans les pays occupés par les troupes anglaises, est de bonne prise, comme contrevenant au présent décret ; il sera capturé par nos vaisseaux de guerre ou par nos corsaires et adjugé au capteur.

Art. 4. — Ces mesures qui ne sont qu'une juste réciprocité pour le système barbare adopté par le gouvernement anglais, qui assimile sa législation à celle d'Alger, cesseront d'avoir leur effet pour toutes les nations qui sauraient obliger le gouvernement anglais à respecter leur pavillon. Elles continueront d'être en vigueur pendant tout le temps que ce gouvernement ne reviendra pas aux principes du droit des gens qui règlent les relations des États civilisés dans l'état de guerre. Les dispositions du présent décret seront abrogées et nulles par le fait dès que le gouvernement anglais sera revenu aux principes du droit des gens, qui sont aussi ceux de la justice et de l'honneur.

Ce décret, qui complétait le décret de Berlin, répondait aux exigences de l'Angleterre en dénationalisant les navires neutres pour lesquels les prétentions de l'Angleterre ne resteraient pas lettre-morte. Napoléon fit plus : il ordonna la confiscation des navires qui se dirigeraient vers certains pays neutres, la Sardaigne par exemple, ou qui en viendraient, en donnant pour motif de cette mesure que les Anglais correspondaient par ces pays (lettres du 28 décembre 1807 au roi de Naples, et du 12 janvier 1808 au vice-amiral Decrès). Il mit également l'embargo dans les ports français sur les navires neutres qui y étaient stationnés, pour leur interdire de voguer vers l'Angleterre. Malheureusement, il allait trop loin dans sa rigueur et devait bientôt nuire autant à la France et aux neutres qu'à l'Angleterre elle-même.

Napoléon ne laissait plus aux neutres que deux partis à prendre : ou de prendre une licence de navigation en Angleterre et de s'exposer à être capturé par les navires français, ou d'éviter les côtes d'Angleterre et de s'exposer à être pris par les navires anglais. Le dessein de l'empereur, d'après lui, n'était pas d'élever sa domination sur la ruine de l'Angleterre, mais de la forcer à se soumettre aux principes du droit des gens. Nous en trouvons la preuve dans une lettre adressée par lui à son frère Louis, roi de Hollande, le 3 avril 1808 (1), et de laquelle nous extrayons les phrases suivantes :

(1) V. GODCHOT, *op. cit.*, p. 252.

« L'Angleterre a triomphé sur toutes les mers : toutes les marines ont été détruites. La Russie, la Suède, la France, l'Espagne... n'osent hasarder une escadre hors de leurs rades... La paix, je la veux par tous les moyens conciliables avec la dignité et la puissance de la France, je la veux au prix de tous les sacrifices que peut permettre l'honneur national. Chaque jour, je sens qu'elle devient plus nécessaire ; les puissances du Continent la désirent autant que moi (1) ; je n'ai contre l'Angleterre ni prévention passionnée, ni haine irrésistible. Les Anglais ont suivi contre moi un système de répulsion ; j'ai adopté le système continental, beaucoup moins, comme le supposent mes adversaires, par jalousie d'ambition que pour amener le cabinet anglais à en finir avec nous. Que l'Angleterre soit riche et prospère, peu m'importe, pourvu que la France et ses alliés le soient comme elle.

» Le Système continental n'a donc d'autre but que d'avancer l'époque où le droit public sera définitivement assis pour l'Empire français et pour l'Europe... »

Napoléon reconnaissait, d'ailleurs, que ses décrets n'étaient que des actes de violence opposés à d'autres actes de violence. Il admettait, cependant, dans le préambule du décret de Milan, que toutes les nations étaient solidaires de l'indépendance de leur pavillon : c'était là pour lui un principe fondamental de droit public.

(1) Il est certain qu'elles la désiraient encore davantage.

Nous avons vu qu'en octobre 1807, le Danemarck, la Russie et l'Autriche avaient adhéré au Blocus continental. Il n'y avait plus en Europe que la Suède pour être ouverte au commerce maritime de l'Angleterre. Les États-Unis résistèrent également aux prétentions de Napoléon, aussi bien qu'à celles de la Grande-Bretagne Le 22 décembre 1807, en effet, le Congrès, par un bill, mettait l'embargo sur les navires se trouvant dans les ports des États-Unis, et défendait de sortir aux bâtiments de commerce américains. Napoléon protesta de la bienveillance de ses intentions à l'égard des États-Unis, mais les Américains n'en persévérèrent pas moins dans leur conduite et adoptèrent, en mars 1808, un bill qui interdisait de nouveau aux navires des États-Unis de venir en Europe, et déclarait saisissable tout bâtiment anglais ou français qui aborderait sur les côtes américaines. Si la France ou l'Angleterre révoquaient les mesures prises par elles, dans le délai d'un an, les relations commerciales seraient aussitôt permises avec celle de ces puissances qui aurait ainsi abandonné son système de blocus universel sur papier. Cet acte fut encore renouvelé en mars 1809.

L'Angleterre n'avait pas encore obtenu, par les ordres du Conseil des 11 et 25 novembre 1807 les résultats qu'elle désirait : les neutres n'avaient guère profité de la permission qui leur était accordée d'entrer dans les ports d'Angleterre et d'en sortir moyennant, d'ailleurs, un droit de douane élevé. D'autre part, la Grande-Bretagne voulait reprendre ses relations commerciales avec les États-Unis. Aussi un ordre du Conseil fut-il promulgué de nouveau par le cabinet de Saint-James le 26 avril 1809 (1). Cet ordre annulait tous les ordres antérieurs. Les motifs de cette annulation étaient, d'après le préambule, les suivants :

Le roi d'Angleterre, désirant ne pas soumettre les pays amis avec lui « à des inconvénients plus graves que ceux qui étaient absolument indispensables pour contrecarrer les desseins de ses ennemis », avait fait, au blocus général de l'Europe, quelques exceptions détaillées dans l'ordre du Conseil du 11 novembre 1807 et dans plusieurs ordres suivants. En outre, « différents événements ayant eu lieu depuis la date du premier des ordres susdits, concernant les rapports entre la Grande Bretagne et les territoires d'autres puissances, il était devenu utile que différentes parties ou dispositions des susdits ordres fussent changées ou rapportées ».

En conséquence, le blocus fictif était supprimé, excepté à l'égard de tous les ports et places de la Hollande, jusqu'à l'Ems inclusivement, de tous les ports et places de la France, et de leurs colonies, ainsi que des ports et places de la partie septentrionale de l'Italie, à partir des ports d'Orbitella et Pesaro inclusivement, qui devaient rester soumis au blocus le plus rigoureux. Tout bâtiment faisant commerce avec ces pays devait être, soit à l'aller,

____

(1) MARTENS, t. I, p. 483.

soit au retour, déclaré de bonne prise, ainsi que sa cargaison.

Un arrangement étant sur le point de s'établir entre l'Angleterre et les États-Unis, un ordre du Conseil du 29 mai 1809 apporta, à l'égard de cette dernière puissance, des modifications à l'ordre du 26 avril précédent. Par cet ordre du Conseil, le commerce était permis avec la Hollande à tous les navires américains. Mais les États-Unis ne se contentèrent pas de cette restriction à l'interdiction de commerce établie par la Grande-Bretagne, et ne tardèrent pas à manifester leur mécontentement. Le 9 août 1809, une proclamation de leur Président déclara le commerce avec la Grande-Bretagne de nouveau suspendu, en alléguant pour motif que la Grande-Bretagne avait trompé les États-Unis et maintenu le blocus fictif sur une grande étendue des côtes européennes.

Napoléon voulut profiter de ce revirement des États-Unis. Dans des notes adressées au ministre des États-Unis à Paris, il exposait que le navire, naviguant sous le pavillon d'une nation, était censé en mer être comme dans les ports de son pays, et que, par suite, en l'insultant, on commettait un acte analogue à une invasion. Napoléon ajoutait qu'il reconnaîtrait les États-Unis comme neutres, si cette puissance armait des bâtiments pour repousser les exigences de l'Angleterre et les atteintes à la souveraineté du pavillon américain. Le 23 novembre suivant, cependant, l'empereur, par le décret de Rambouillet, fermait les ports de la France et de ses alliés aux navires américains, en ordonnant la saisie des navires qui contreviendraient aux dispositions de ce décret.

La principale raison de ce décret rigoureux était la conduite des navires américains qui, se livrant à la spéculation, naviguaient, sous un pavillon quelconque, pour le compte de l'Angleterre, et entravaient ainsi le système du Blocus continental. Les États-Unis firent entendre, contre les mesures du décret de Rambouillet, de vives protestations. Napoléon répliqua qu'au début de 1809 le gouvernement américain avait pris des mesures analogues à l'égard des bâtiments français et que, d'ailleurs ce gouvernement ne devait pas hésiter à refuser d'admettre les prétentions de l'Angleterre. Les États-Unis répondirent à Napoléon par un nouveau bill du 1ᵉʳ mars 1810, dit de *non-intercourse*, qui maintenait à peu près dans les mêmes termes, les conditions mises dans les bills précédents au renouvellement du commerce avec l'Angleterre et la France.

Durant l'année 1809, il y a lieu aussi de le signaler, Napoléon avait reçu, par l'article 16 de la paix de Vienne du 14 novembre, l'adhésion de l'Autriche au système continental établi par le décret de Milan. La Suède agit de même peu de temps après (traité du 6 janvier 1810) (1).

(1) MARTENS, t. I, p. 30.

CHAPITRE IV.

LE BLOCUS CONTINENTAL A PARTIR DE 1810 — SES RÉSULTATS — LES LICENCES.

En 1810, Napoléon voulut assurer l'application efficace du Blocus continental. Jusqu'à cette époque, la France proprement dite avait, seule, mise strictement à exécution ce système. La Hollande, gouvernée par un frère de Napoléon, n'était pas plus soumise au Blocus continental que si elle avait été sous la domination d'un prince allemand ou anglais.

Les villes hanséatiques et le Danemarck n'observaient pas non plus fidèlement le blocus. Quant à l'Espagne, le système du Blocus continental n'avait pu y pénétrer par suite des revers de Napoléon dans ce pays : aussi, le 4 juillet 1808, l'Angleterre avait-elle ordonné, dans un ordre du Conseil, la cessation du blocus de l'Espagne (1). Enfin, comme le fait remarquer Thiers (2), « lors même que les gouvernements étaient de bonne foi, les peuples, n'entrant pas facilement dans les vues qui

(1) La nation espagnole demeura sous la domination anglaise jusqu'à la chute de Napoléon.

(2) *Histoire du Consulat et de l'Empire,* t. XII, p. 26.

avaient inspiré l'idée du Blocus continental, se livraient à une contrebande qu'on avait la plus grande peine à empêcher, tout en y apportant une extrême rigueur. »

La contrebande était surtout pratiquée en Hollande et le roi Louis la favorisait ouvertement. Aussi, dès 1808, Napoléon avait-il menacé ce roi de fermer complètement le Rhin et l'Escaut. En 1810, il lui adressa un ultimatum dans lequel il demandait que le commerce hollandais se fît avec des licences délivrées par Napoléon ; les troupes françaises devaient surveiller les embouchures et les côtes de toute la Hollande, et les prises devaient être jugées à Paris. Le roi de Hollande se décida à signer un traité dont deux articles étaient ainsi conçus :

Article 1er. — Jusqu'à ce que le gouvernement britannique ait solennellement renoncé aux dispositions comprises dans ses ordres de cabinet de 1807, tout commerce quelconque entre les ports de la Hollande et ceux de l'Angleterre est interdit ; s'il y a lieu de donner des licences, celles délivrées au nom de l'Empereur seront seules valables.

Art. 10. — Toutes marchandises venues sur des bâtiments américains entrés dans les ports de la Hollande depuis le 1er janvier 1809, seront mises sous séquestre et appartiendront à la France pour en disposer selon les circonstances et les relations politiques avec les États-Unis.

Le roi Louis, qui était venu à Paris signer ce traité,

n'eut d'autre préoccupation, dès son retour en Hollande,
que d'en ajourner l'exécution. Alors Napoléon entreprit
aussitôt une expédition sur Amsterdam, qui se termina
par l'abdication du roi Louis et par un décret du 9 juillet consacrant définitivement la réunion de la Hollande
à la France.

Pour remédier aux inconvénients du blocus continental, les Anglais avaient fait preuve de la plus grande
ingéniosité. Ils subissaient, en particulier, un grave
préjudice par suite du défaut de vente de leurs denrées
coloniales que leur donnaient en paiement, non seulement leurs colonies, mais aussi les colonies espagnoles
et françaises qu'ils avaient soumises. Les neutres, pour
prendre leurs cargaisons, au moins en partie, étaient
obligés, par les Anglais, de venir au dépôt de Londres.
En dehors de ce dépôt très important, les Anglais
avaient établi d'autres dépôts, à Malte, aux Açores, à
Gothenbourg, dans le Holstein et à Héligoland, où les
contrebandiers allaient s'approvisionner. Des quantités
considérables de marchandises y étaient renfermées.
Thiers (1) signale, en particulier, le dépôt d'Héligoland,
divisé en partie basse, réservée aux navires, et en partie haute, séparée de l'autre partie par un escalier en
bois de 200 marches, facile à supprimer. Dans la partie
haute se trouvaient de vastes magasins, défendus par
une nombreuse artillerie anglaise, et où venaient se

(1) *Op. cit.*, t. XII, p. 37-38.

fournir les contrebandiers à des prix inférieurs de 40 à 50 % à la valeur réelle des marchandises mises en vente. Napoléon apportait, cependant, une surveillance extrême, en établissant des cordons de douaniers, mais ces douaniers étaient attaqués ou séduits, non seulement par les contrebandiers, mais encore par les populations des côtes qui se joignaient à eux.

Outre les dépôts anglais, il faut signaler, comme obstacle à l'observation rigoureuse du blocus continental, les faux neutres qui comprenaient surtout des Améri cains. Ces Américains, éludant les lois de leur gouvernement qui avaient mis l'embargo sur les côtes européennes et défendu le commerce avec la France et la Grande-Bretagne, favorisaient les desseins de l'Angleterre, en prenant chez elle des licences. Avec la connivence des autres peuples, ils se faisaient passer pour neutres dans les ports où ils pénétraient, et les corsaires français n'osaient capturer leurs navires. On en arriva même, en Angleterre, à fabriquer de faux certificats d'origine. Les Américains réussirent ainsi à entrer dans les ports de Prusse, de Hollande et de Russie, et même, mais avec plus de difficultés, dans les ports d'Anvers, du Havre et de Bordeaux. Les Grecs se livraient, également, dans les ports de la Méditerranée, aux mêmes fraudes que les Américains, et un vaste commerce interlope environnait ainsi l'Europe, contrecarrant les projets de Napoléon.

Pour empêcher ces violations manifestes du blocus

continental, Napoléon avait, comme nous l'avons vu en parlant du décret de Rambouillet, ordonné de saisir et frapper de séquestre les navires américains. Cette saisie était bien pratiquée en France, mais, malgré les observations réitérées de Napoléon, le Danemarck et la Prusse ne voulaient pas l'employer. La Russie et la Suède résistèrent également aux exigences de Napoléon. Elles alléguaient que quelques Américains pouvaient n'être pas fraudeurs et que leurs papiers étaient scrupuleusement examinés. Aussi Napoléon, pensant qu'il ne pouvait arriver autrement à ses fins, en vint-il bientôt à atténuer les rigueurs du blocus, par l'adoption du système des licences.

C'était l'Angleterre qui, par l'ordre du Conseil du 25 novembre 1807, avait inauguré ce système. Le nombre des licences accordées par elle aux neutres monta bientôt d'une façon extraordinaire. C'est ainsi que dans la seule année 1809 il fut de plus de 16,000. L'Angleterre pensait, par ce moyen, porter un remède à la crise que subissait son crédit (1), ce en quoi elle se trompait. Dès 1809, Napoléon commença, à l'exemple de l'Angleterre, à se servir des licences, « système fâcheux, parce qu'il mettait Napoléon en contradiction avec lui-même » (2). Les Anglais, ayant besoin de blé, de bois et de gou-

____

(1) Les billets de banque perdaient 20 % par rapport à l'argent ; la livre sterling, dont la valeur ordinaire est de 25 fr., se vendait à peine 17 fr. sur le continent.

(2) GODCHOT, *op. cit*, p. 303.

drons, accordèrent, à la fin de 1809, la faculté aux navires neutres et même aux navires ennemis d'apporter
ces marchandises dans leurs ports. Napoléon en profita
pour faire entrer des produits français en Angleterre.
Il accorda le libre passage aux navires qui, en portant
les denrées dont les Anglais avaient besoin, transpor-
teraient également des marchandises françaises, comme
les draps, les vins, les eaux-de-vie et les soieries. Ces
navires devaient, au retour, être chargés des produits
anglais qui faisaient défaut en France, comme les indigos, les bois des îles et les cochenilles. Sous ces conditions, les vaisseaux français naviguaient avec des pas-
seports, appelés licences, qui leur permettaient d'importer et d'exporter les marchandises désignées dans
ces licences.

Napoléon apportait ainsi une grave exception aux
décrets de Berlin et de Milan. L'un des inconvénients du
système qu'il adoptait était de corrompre le commerce
et d'encourager les faux et les fraudes : les navires
français à licences naviguaient sous un faux pavillon,
américain ou autre, et, arrivés à l'entrée de la Tamise,
confiaient leurs cargaisons à des contrebandiers qui les
introduisaient en Angleterre. Les navires anglais venaient, de même, près des côtes françaises, livrer à des
contrebandiers les denrées dont l'introduction était
interdite en France, puis ils entraient ensuite dans nos
ports avec les marchandises tolérées. Il arriva même
que les navires qui voulaient faire le grand commerce

eurent besoin à la fois de licences anglaises et de licences françaises, et l'on vit bientôt des bâtiments munis de ces deux sortes de licences (1).

Un autre inconvénient du système des licences fut, en mettant la France en contradiction avec elle-même, de provoquer les réclamations des puissances, en particulier de la Russie. Celle-ci prétendait que les Français étaient trop rigoureux pour les autres, en leur défendant l'entrée des sucres et cafés venant d'Angleterre, et trop faciles pour eux-mêmes, en tolérant le transport dans leurs ports des mêmes marchandises. Napoléon répliqua qu'il n'introduisait pas en France des sucres et des cafés, mais qu'il forçait simplement les Anglais à prendre une partie de nos vins, de nos draps et de nos soieries, en les leur faisant payer avec des produits nécessaires à l'industrie française. Mais il résultait uniquement de cette réponse que le commerce par licences était peu important, ne rapportait guère à la France et avait, par conséquent, moins d'avantages que d'inconvénients. Napoléon reconnaissait lui-même que le système des licences était vicieux dans son principe.

Il avait établi, dans ses décrets, plusieurs séries de licences réparties d'après les diverses contrées de l'Europe. D'ailleurs, il ne se relâchait pas dans sa surveillance des côtes de France et de ses alliés et lisait chaque

(1) Il y avait d'ailleurs, à Londres notamment, des fabricants de papiers de bord falsifiés qui exerçaient leur profession à découvert.

jour les états d'entrée et de sortie des navires. Il vit bientôt que, malgré toutes les mesures prises par lui, les sucres et autres denrées coloniales n'en continuaient pas moins à entrer sur le continent. Les Anglais subis saient de grandes pertes, par suite de l'avilissement des marchandises accumulées dans leurs dépôts et par suite des progrès de la chimie et de l'établissement de manufactures et d'industries rivales dans les autres pays d'Europe. Aussi consentaient-ils, pour ne pas interrompre leur commerce, à laisser aux contrebandiers 40 ou 50 % de primes. L'inconvénient de ces bénéfices accordés aux fraudeurs de toutes les nations était la cherté des marchandises, surtout en France. Le sucre, le café, l'indigo et le coton étaient beaucoup moins chers, au fur et à mesure qu'on s'éloignait de Paris, la surveillance étant moins active. En parcourant les états de douane, Napoléon avait pris connaissance de ces faits. Une nouvelle forme de blocus germa bientôt dans son esprit. Elle fut réalisée par le décret de Trianon du 5 août 1810.

Ce décret avait pour but principal de maintenir à Londres le bas prix des denrées coloniales et d'empêcher les Anglais de vendre ces denrées plus cher, aussi bien en France qu'ailleurs. A cet effet, l'introduction des denrées coloniales était permise partout, mais sous la condition d'acquitter un droit de 50 % *ad valorem*. C'est ainsi que le sucre brut dut payer 30 sous la livre, le café 40 sous, l'indigo 4 fr. 10 sous, le cacao 5 francs.

Une lourde taxe remplaçait ainsi l'interdiction, et c'étaient les douaniers qui devaient recevoir la prime accordée jusqu'alors aux contrebandiers. Napoléon, malgré cette exception à son système du blocus continental, déclarait maintenir théoriquement la prohibition de commercer avec l'Angleterre. Les marchandises, qui seraient prouvées être d'origine anglaise, devaient être impitoyablement confisquées. Mais, pour permettre le trafic des denrées coloniales, Napoléon admettait, à leur égard, ce qu'il appelait dans le décret les *origines permises*. Ces origines consistaient dans les ventes qui suivaient les prises de nos corsaires, les cargaisons apportées par les navires à licences, celles qui étaient mises en vente par le trésor après confiscation, et celles qui étaient venues sur des bâtiments neutres, vraiment neutres. Pour l'exécution du décret, des visites fréquentes et fortuites devaient être pratiquées, à l'effet de constater l'existence et l'origine des denrées, et, en conséquence, leur faire payer les droits ou les confisquer.

Ces mesures eurent pour résultat, en enrichissant le trésor français, de semer l'épouvante chez les complices du commerce britannique. Le 4 octobre, Napoléon, pour débarrasser le Holstein des marchandises anglaises, permit pour un mois l'introduction de ces marchandises à Hambourg. Il n'agit pas de même en Suisse et, peu de temps après, le 19 octobre, par le décret de Fontainebleau, il ordonna de saisir les pro-

duits manufacturés anglais, partout où l'on pourrait
les confisquer, et de les brûler. Il adressa aux diverses
puissances de l'Europe de nombreux courriers, dans le
but de leur montrer les avantages de cette mesure. Les
divers États européens consentirent à se conformer au
décret de Trianon ; seule, la Russie, sans s'opposer à
son application ailleurs, déclara ne pas l'adopter chez
elle. Aussi des quantités énormes de marchandises
furent-elles bientôt saisies par les douaniers. En Allemagne, il y eut un grand nombre de tissus anglais qui
furent brûlés. Des ventes aux enchères des marchan
dises confisquées eurent lieu à Anvers et dans d'autres
villes importantes. Les bâtiments, pour n'être pas
saisis par nos corsaires, devaient être munis de licences.
Ces licences devaient indiquer le lieu du départ, celui
de la destination et la nature de la cargaison durant
tout le voyage. Mais les navires pouvaient, en dissimu-
lant leur nationalité, se diriger vers l'Angleterre, à la
condition d'y porter des produits de leur pays et de
n'en rapporter ni sucre ni café, mais des marchandises
comme les cochenilles, les indigos, les riz, les tabacs,
les bois de teinture et les cotons du Levant ou d'Amérique.

L'année 1811 peut être considérée comme celle dans
laquelle le système du blocus continental atteignit à
son apogée. Napoléon était arrivé, durant cette année,
à se réconcilier avec l'Amérique. Un décret du 1er no
vembre 1810 avait déclaré que les Américains ne seraient

plus soumis aux décrets de Berlin et de Milan, s'ils obtenaient le respect de leur pavillon par l'Angleterre, c'est-à-dire la révocation des ordres du Conseil britannique en ce qui les concernait, ou s'ils refusaient de se soumettre à ces ordres. Ce n'était là qu'une simple promesse. Une proclamation du président des États-Unis du début de 1811 annonça que l'interdit commercial serait levé pour la France et maintenu contre l'Angleterre si, au 2 février suivant, l'Angleterre n'avait pas révoqué les mesures arbitraires prises précédemment par elle. La Grande-Bretagne n'ayant pas changé de ligne de conduite à l'égard des États-Unis, un acte américain du 2 mars 1811 abrogea, en ce qui concernait les rapports commerciaux avec la France, l'acte de non-intercourse du 1er mars 1810, en laissant les relations suspendues entre l'Angleterre et l'Amérique.

Napoléon répondit à cette marque de confiance par un décret du 28 avril 1811 qui déclarait les décrets de Berlin et de Milan révoqués par rapport à l'Amérique. Cet acte produisit une impression des plus favorables aux États-Unis, en leur prouvant que les assertions anglaises (1) étaient fausses. Malheureusement, Napoléon ne tarda pas à mécontenter les États-Unis, en refusant de restituer les nombreuses cargaisons améri-

______

(1) Les Anglais prétendaient que les décrets de Berlin et de Milan n'étaient pas révoqués et que les modifications aux ordres du Conseil étaient plus considérables que celles apportées par Napoléon à ses décrets.

caines capturées en Hollande avant le 1er novembre 1810, et en maintenant plusieurs restrictions aux droits des neutres. Il déclarait renoncer aux blocus fictifs, mais il annonçait qu'il ferait saisir les Américains, trouvés sous convoi anglais, sous prétexte qu'ils étaient par ce seul fait dénationalisés ; il voulait, également, interdire aux navires américains, comme aux autres navires neutres, l'accès des côtes anglaises, à titre de représailles contre l'Angleterre. Ces prétentions, quoique légitimes, furent mal accueillies aux États-Unis. Cette puissance n'en continua pas moins à demeurer hostile à la Grande-Bretagne, et les fautes de cette dernière aboutirent à la déclaration de guerre des États-Unis à l'Angleterre en juin 1812. Presque aussitôt que cette déclaration de guerre fut adressée au gouvernement britannique, le gouvernement américain reçut la nouvelle que les ordres du Conseil étaient enfin révoqués par la Grande-Bretagne.

Le blocus continental avait activé considérablement la production industrielle en France. L'industrie française paraissait, par suite du blocus, être en droit d'espérer des débouchés très importants. Aussi les manufacturiers français se mirent-ils à fabriquer en grandes quantités les produits qui devaient servir à approvisionner tout le continent. L'industrie du coton, celle des draps, celle des meubles et celle des cuirs se développèrent rapidement et prirent une grande extension. En même temps, on spéculait avec passion sur l'entrée des matières premières ; ces spéculations dangereuses ne tardèrent pas à dépasser les limites les plus élémentaires de la prudence et à faire place à un agiotage effréné. Des fortunes subites prirent naissance. Les spéculateurs et les manufacturiers enrichis se rendirent acquéreurs des plus beaux domaines de l'ancienne noblesse. Bientôt l'industrie ne vécut plus que de crédits fictifs. La crise qui devait être fatalement la conséquence de ces folles spéculations fut accélérée dans sa marche par la chute, en 1811, des principales maisons de commerce de Brême, Lubeck et Hambourg, qui ne faisaient plus guère d'affaires depuis la réunion des villes hanséatiques à l'Empire

Napoléon voulut secourir secrètement un certain nombre de maisons. Le secret ne fut pas gardé et la révélation des secours entraîna une panique générale qui aboutit à une longue suite de banqueroutes. Ce furent les maisons qui avaient spéculé qui tombèrent les premières ; celles qui avaient fabriqué en trop grandes quantités les suivirent dans leur ruine. L'industrie du coton, celle des draps, celle de la raffinerie et celle de la soierie, eurent ainsi beaucoup à souffrir. Pour hâter la reprise des affaires et atténuer les ravages produits par la crise, Napoléon fit opérer en secret des achats importants dans les grandes villes manufacturières et commencer des travaux extraordinaires à Paris. Ces achats et ces travaux eurent pour résultat de faire attendre plus aisément la renaissance des affaires. Mais le malaise qui provenait de notre mauvaise situation industrielle était le premier pas de l'Empire vers la décadence.

A partir de la funeste guerre entreprise par Napoléon contre la Russie en 1812, le blocus continental cessa pour ainsi dire d'exister. La Russie s'en était détachée par la guerre. La Suède, sur les conseils de l'Angleterre ne tarda pas à suivre son exemple : elle n'avait jamais d'ailleurs appliqué avec franchise le blocus continental. En 1813, la Prusse et l'Autriche rejetèrent également ce système. L'invasion de la France en 1814 et l'abdication de Napoléon entraînèrent la cessation définitive du blocus.

Nous avons déjà dit que le blocus continental avait eu pour effet une gène considérable apportée au commerce des neutres. Le commerce maritime, soumis à des mesures vexatoires, subissait de graves dommages et languissait chez toutes les nations. Napoléon avait voulu frapper la mer d'interdit comme l'Angleterre avait frappé d'interdit le Continent. En défendant à la Grande Bretagne l'accès du marché européen, il voulait l'empêcher de vendre les produits de ses manufactures et les denrées de ses colonies, tuer son crédit et ruiner ainsi cette puissance. Le blocus continental était un moyen efficace d'arriver à ce but, mais il fallait le maintenir dans toute sa rigueur plus longtemps que ne le fit Napoléon. L'exaspération des peuples, qui ne se pliaient aux exigences de la politique napoléonienne que parce qu'ils y étaient obligés, eut pour conséquence un relâchement dans l'application du système qui en détruisit complètement l'efficacité.

Ce système eut cependant quelques bons résultats.

Les principaux furent, non seulement de tenir en arrêt la puissance maritime de l'Angleterre, mais encore d'activer fortement notre industrie et de lui donner de nouvelles bases. Dans le *Mémorial de Sainte-Hélène*, Napoléon expose lui-même, en ces termes, les desseins qu'il avait conçus à ce sujet : « Si je n'eusse succombé j'aurais changé la face du commerce aussi bien que la route de l'industrie : j'avais naturalisé au milieu de nous le sucre, l'indigo, j'aurais naturalisé le coton et bien d'autres choses encore; on m'eût vu déplacer les colonies, si l'on se fût obstiné à ne pas nous en donner une portion ».

Les produits coloniaux les plus utiles, tels que le coton, le sucre, la cochenille et l'indigo venant à faire défaut en France, il fallut aviser aux moyens de les remplacer. Aussi la filature et le tissage du coton et de la laine firent-ils des progrès considérables dans le Nord de l'Europe. Napoléon fit faire des recherches aux chimistes et offrit des récompenses aux inventeurs qui parviendraient à substituer des produits analogues à ceux auxquels le blocus interdisait l'entrée. Ces mesures et ces recherches furent bientôt couronnées de succès. Pour le sucre, notamment, on chercha à le tirer des matières végétales de l'Europe, et l'on découvrit

que la betterave pouvait réaliser ce but. La culture de
la betterave et l'extraction du sucre de cette plante
datent de cette époque ; elles ont fait, depuis, des progrès remarquables. Cette découverte permit à Napoléon
de prohiber définitivement le sucre colonial, en encou-
rageant la fabrication du sucre de betterave. Il songea
même à accorder aux fabriques de betteraves un monopole exclusif et à **exempter** cette fabrication de droits
pendant quatre ans, mais ce projet hardi ne fut pas mis à
exécution. Il convient de signaler également les encou-
ragements donnés à une autre industrie, celle du coton.
Une instruction du ministère de l'Intérieur du mois de
février 1808 chargea même les capitaines des bâtiments
de l'État de rapporter des pays lointains des graines de
coton pour les ensemencer et chercher ainsi à recueillir
le coton sur le sol français lui-même. Mais cette mesure
ne produisit pas d'effets sérieux. Pour parer aux inconvénients résultant de l'absence de cochenille et d'indigo, Napoléon s'appliqua à faire développer, en Italie
particulièrement, la culture de la garance et du pastel.
Les graines de cette plante fournissaient une fécule
d'une certaine valeur, puisqu'elle pouvait servir à la
teinture des tissus et à la coloration des étoffes. Cette
industrie prit également une grande extension. Enfin,
Napoléon vint en aide à l'agriculture en mettant la
régie sur les tabacs et en ordonnant à cette régie de
n'employer que des produits de notre propre sol.

Ainsi donc, en dehors de ses nombreux inconvénients, le blocus continental eut ce bon effet de favoriser l'essor de l'industrie française, en élargissant son champ d'activité. C'était là un résultat très curieux et qu'il était important de mettre en relief.

CHAPITRE V

LES APPLICATIONS DU BLOCUS DE 1815 A 1856.

Les revers de Napoléon avaient si bien entraîné la chute de son système de blocus continental que les traités de 1815 ne firent aucune mention de sa disparition. Ils ne parlèrent même pas, dans leurs dispositions, du blocus en général. Cette omission avait surtout pour cause la conduite de l'Angleterre.

Cette puissance, qui n'avait pu être vaincue par Napoléon, croyait nécessaire, pour maintenir sa suprématie maritime, de conserver la pratique des blocus fictifs. Elle persévéra dans cette voie jusqu'en 1856, époque à laquelle elle admit, théoriquement du moins, l'effectivité comme condition nécessaire à la validité d'un blocus.

A partir de 1815, toutes les puissances, sauf l'Angleterre, ont reconnu comme seuls légitimes les blocus effectifs, c'est-à-dire maintenus par des forces réelles suffisantes. Le 4 septembre 1816 (1) et le 1ᵉʳ mai 1828 (2) les États-Unis signèrent avec la Suède et la Prusse

(1) MARTENS, *Nouveau Recueil*, t. IV, p. 251.
(2) MARTENS, t. VII, p. 615.

deux traités, dont l'article 13 tempérait beaucoup les effets de la déclaration du blocus, en exigeant un avertissement aux navires voyageant vers les ports bloqués. Il n'était plus permis d'arrêter et de saisir un bâtiment pour le seul fait d'être en route pour un port réellement bloqué. Il était dit, en effet, dans ces traités, que, en considération de la distance des deux pays, aucun navire ayant pour destination un port, réputé bloqué au moment de son départ, ne serait, d'une part et de l'autre, saisi et confisqué pour une première tentative d'entrer dans ce port, à moins qu'il ne pût être prouvé qu'il avait pu, dans le cours de sa traversée, apprendre que le blocus était maintenu, mais que la confiscation serait justifiée, s'il tentait une deuxième fois, dans le cours du même voyage, d'entrer dans le port encore bloqué après avoir reçu un avertissement.

En 1818 nous trouvons une convention conclue, le 17 juin, entre le Danemarck et la Prusse et qui reproduit, à peu près dans les mêmes termes, l'article 20 du traité que le Danemarck avait déjà signé avec la France le 23 août 1742. Cet article, comme nous l'avons vu, déclarait que nul port ne devait être réputé bloqué, si l'entrée n'en était fermée au moins par deux vaisseaux du côté de la mer ou par une batterie de canons du côté de la terre.

En 1823, à l'occasion de la guerre d'Espagne, la France annonça qu'elle n'établirait plus que des blocus effectifs. En 1828 elle fit prévaloir ce système au Brésil.

7 c

Cette puissance avait, en 1825, déclaré en état de blocus une grande partie des rives du Rio de la Plata, sans mettre ce blocus effectivement à exécution. La circulaire brésilienne du 31 mars 1828 disait « qu'à l'avenir la signification préalable d'un blocus suffirait pour le faire admettre comme effectif, et que tout navire qui se dirigeait sur le port déclaré bloqué s'exposerait à être légalement arrêté et capturé par l'escadre bloquante ». Cette déclaration, qui n'exigeait pas une notification spéciale du blocus, mais une simple notification générale, était contraire, dans son application et dans ses effets, aux principes de droit maritime appliqués par la France (excepté durant le blocus continental) et les autres puissances, sauf l'Angleterre. Aussi les armateurs français n'en tinrent-ils aucun compte et plusieurs navires français se dirigèrent vers les ports soi-disant bloqués, dont l'entrée n'était pas fermée matériellement. Quelques-uns, notamment le *Courrier*, le *Jules* et le *San-Salvador*, furent capturés par des vaisseaux de guerre brésiliens.

La France réclama leur restitution au gouvernement brésilien ou au moins une indemnité. Ces réclamations étant restées sans effet, une escadre française fut envoyée à Rio de Janeiro et vint s'embosser dans ce port. Le résultat de cette mesure énergique fut la conclusion par la France et le Brésil, le 21 août 1828, d'un article additionnel pour préciser le sens de l'article 21 du traité de commerce signé entre ces deux puissances le 8 janvier 1826.

Cet article 21 disait déjà, (1) que, si l'une des puissances contractantes venait à être en guerre avec une puissance quelconque, les sujets de l'autre contractant pourraient continuer leur commerce avec ces mêmes États, excepté avec les villes ou ports bloqués, ou assiégés par terre ou par mer. Le commerce des articles réputés contrebande de guerre serait seul interdit.

La disposition additionnelle (2) s'exprime en ces termes : « Aucun bâtiment de commerce appartenant aux sujets de l'une des parties contractantes, qui sera expédié pour un port, lequel se trouvera bloqué par l'autre, ne pourra être saisi, capturé ou condamné, si préalablement il ne lui a été fait une notification ou signification de l'existence ou continuation du blocus par les forces bloquantes ou par quelque bâtiment faisant partie de l'escadre ou division du blocus ; et, pour qu'on ne puisse alléguer une prétendue ignorance du blocus et que le navire qui aura reçu cette intimation soit dans le cas d'être capturé, s'il vient ensuite à se représenter devant le port bloqué pendant le temps que durera le blocus, le commandant du bâtiment de guerre qui fera la notification devra apposer son visa sur les papiers du navire visité, en indiquant le jour, le lieu ou la hauteur où sera faite la signification de l'existence du blocus et le capitaine du navire visité lui donnera un reçu

(1) DE CLERCQ, t. III, p. 407.
(2) DE CLERCQ, t. III, p. 504.

de cette signification contenant les mêmes déclarations exigées pour le visa ».

Il était impossible d'être plus explicite sur la détermination des circonstances dans lesquelles devait avoir lieu la capture d'un navire expédié pour un port en état de blocus. Cette convention exigeait formellement pour qu'il y eût violation du blocus une notification spéciale, faite préalablement et constatée de telle manière que l'existence en pût être prouvée avec la plus grande facilité. C'était une garantie considérable accordée aux droits des neutres.

La nécessité d'une notification spéciale, faite aux navires se dirigeant vers un port bloqué, avait d'ailleurs déjà été reconnue par l'article 3 de la deuxième Neutralité armée de 1800, l'article 15 de l'ordonnance danoise relative à la navigation en temps de guerre du 4 mai 1803 et l'article 11 du règlement suédois du 21 juin 1801. Les deux derniers articles défendaient l'entrée d'un port aux vaisseaux du Danemarck et de la Suède, lorsque cette entrée leur avait été refusée par le commandant de l'escadre du blocus. Le règlement suédois disait même *formellement* refusée. L'article 13 du traité de 1828, conclu entre la Prusse et les États-Unis, et l'article 20 de celui de la même année, signé par les villes hanséatiques et le Mexique, reproduisent le même principe.

Un grand nombre de traités de la première moitié de ce siècle consacrent dans leurs dispositions la suppression du droit de prévention et la nécessité d'une notification spéciale pour que le blocus soit valable. Nous citerons, entre autres, outre ceux dont nous venons de parler, les traités du 12 décembre 1828 entre les États-Unis et le Brésil, du 5 avril 1831 entre les États-Unis et le Mexique, du 16 mai 1832 entre les États-Unis et le Chili, du 18 février 1831 entre la Prusse et le Mexique, du 9 décembre 1834 entre la France et la Bolivie, du 26 septembre 1836 entre les États-Unis et la Sardaigne, du 13 novembre 1836 entre les États-Unis et le Pérou, du 10 décembre 1837 entre les États-Unis et la Grèce, du 31 juillet 1839 entre la Prusse et la Grèce, du 25 septembre de la même année entre la France et le Texas, de 1839 entre les États-Unis et la République de l'Equateur, de 1842 entre l'Autriche et le Mexique, du 6 juin 1843 entre la France et le Venezuela, de la même année entre la France et l'Equateur, du 24 octobre 1844 entre la France et la Nouvelle Grenade et du 22 février 1856 entre la France et Honduduras (1).

Parmi ces traités, quelques-uns consacrent également la suppression du droit de suite : ce sont celui conclu par la France et Honduras en 1856 et les conventions passées par les États-Unis avec la Suède, le Mexique, le Chili et le Pérou en 1827, 1831, 1832 et 1836.

Il est facile de voir qu'il n'y a que l'Angleterre qui

(1) Pour tous ces traités, voir les recueils de DE CLERCQ, t. IV et V et de MARTENS, t. IV, VIII, XIII, XV et XVI.

n'ait pas admis, avant 1856, comme conditions de validité du blocus, son effectivité et l'existence d'une notification spéciale : elle n'est intervenue dans aucune des conventions que nous venons de citer.

La France a toujours suivi, depuis 1815, la pratique contraire. Nous en trouvons la preuve, d'abord dans le blocus qu'elle établit, au mois de mai 1827, devant les ports de la régence d'Alger, et qui dura jusqu'en 1830. A ce propos, le ministre de la marine prescrivit aux commandants des navires de guerre français de n'arrêter les vaisseaux neutres qui chercheraient à franchir la ligne du blocus qu'après avoir fait à chacun d'entre eux une notification du blocus sur leurs papiers de bord.

Les règles adoptées dans l'application de ce blocus sont énoncées avec la plus grande clarté dans une dépêche adressée le 8 février 1830 par le ministre des affaires étrangères au Conseil d'Etat. Ce Conseil avait été chargé de statuer dans l'affaire de deux navires neutres, le navire toscan, la *Carolina*, et le navire sarde, la *Madona di Montenero*, saisis pour violation du blocus, et avait demandé à ce sujet des renseignements au ministre pour connaître les règles suivies par les forces bloquantes. Le ministre répondit que les instructions données par le ministre de la marine au commandant des forces navales françaises devant Alger, avaient reconnu la nécessité de la notification officielle du blocus aux neutres, et indiqué la manière de procéder envers les navires qui auraient enfreint le blocus ; qu'elles prescrivaient de n'arrêter que ceux qui, après avoir reçu sur les lieux un premier avertissement mentionné au rôle d'équipage, se présenteraient de nouveau devant les ports de la Régence ; qu'il était impossible d'adopter à l'égard des neutres une législation plus conforme au droit des gens et moins restrictive de la liberté du commerce maritime en temps de guerre ; que la politique française se fondait sur les principes consacrés en 1800 par les traités de la Neutralité armée, principes que la France avait fait triompher dans ses discussions avec le Brésil sur la validité des prises faites pendant le blocus de Buenos-Ayres ; enfin que, en principe général, la violation d'un blocus, officiellement notifié et établi d'une manière effective, entraîne la saisie et la confiscation du navire qui a commis l'infraction.

En 1838 un nouveau blocus fut établi par la France sur les côtes de la République Argentine. A cette occasion, M. le comte Molé, notre ministre des affaires étrangères, adressa aux croiseurs français chargés de mettre le blocus à exécution, des instructions rappelant de la manière la plus précise les principes dont la France s'inspirait. Il était dit, notamment, dans ces instructions, que le blocus, pour être valable à l'égard des neutres, devait leur avoir été notifié et être effectif ; que le blocus, une fois établi devant un port, avait pour objet d'empêcher l'entrée ou la sortie de tout navire, quel que fût son pavillon ; que le navire se présentant devant un port bloqué, avant d'avoir eu connaissance du blocus (1), devait d'abord en être averti, et la notification inscrite sur son rôle d'équipage, mais que, après l'accomplissement de ces formalités, si le navire persistait à entrer dans le port ou venait à s'y présenter de nouveau, le commandant du blocus avait le droit de l'arrêter.

« La France, ajoutaient les instructions, a admis les principes consacrés par le traité entre les puissances du Nord qui lui fut signifié le 15 août 1780. Elle les a toujours suivis depuis lors, ou si elle s'en est parfois écartée dans des circonstances exceptionnelles, ce n'a été que par représailles des prétentions émises par la puissance maritime avec laquelle elle était alors en guerre (2), prétentions qu'au reste elle n'a jamais reconnues.

« Ces principes sont : 1°... 5° Qu'un port n'est bloqué par les forces navales que lorsque, par la disposition de ces forces, il y a danger évident d'y entrer. Mais un bâtiment neutre ne peut être inquiété pour être entré dans un port, précédemment bloqué par une force qui ne se serait pas trouvée réellement devant le port au moment où le bâtiment se présentait, quelle que fût la

----

(1) Quels étaient les faits pouvant faire présumer pour un navire la connaissance du blocus ? Les instructions étaient muettes sur ce point.

2) Allusion au Blocus continental.

cause de l'éloignement de la force qui bloquait, qu'elle provînt des vents ou du besoin de s'approvisionner ».

Ainsi, pour que le blocus fût opposable aux neutres, il devait être maintenu par des forces suffisantes et stationnaires. Ce défaut de stationnement, quelle qu'en fût la cause, avait pour conséquence, à l'égard des neutres, une interruption du blocus.

Pendant cette même année 1838, un autre blocus était formé par la France au Mexique et M. Molé eut également l'occasion, à propos de ce blocus, de donner son avis sur la nécessité d'une notification spéciale du blocus. Le commandant d'un des vaisseaux de guerre français chargés de bloquer les ports du Mexique avait pensé qu'après la notification officielle du blocus aux puissances neutres, il n'était plus nécessaire d'avertir les navires qui, contrairement au blocus, essaieraient de débarquer des munitions pour la nation mexicaine. On a souvent cité (1) la lettre que M. Molé écrivit à ce sujet, à son collègue de la marine, le 20 octobre 1838. « M. N..., disait-il dans cette lettre, confond ici deux choses très distinctes, la notification diplomatique qui doit être faite du blocus aux puissances neutres, et l'avis que les commandants des forces employées à le maintenir sont toujours tenus de donner aux navires qui se présentent sur les lieux. Il paraît croire que l'accomplissement de la première formalité dispense

____

(1). V. en particulier PISTOYE et DUVERDY, *Traité des prises maritimes,* 1, p. 372 et ORTOLAN, *op. cit.,* t. II. p. 339.

nécessairement de la seconde qui deviendrait ensuite superflue. Une telle manière de procéder est contraire, non seulement aux principes ordinaires du droit maritime, mais encore aux instructions émanées de votre ministère et aux communications qui furent faites dans le temps au gouvernement des États-Unis, ainsi qu'aux consuls étrangers à Vera-Cruz. »

M. Molé terminait sa lettre en disant qu'il ne rappellerait point les raisons qui rendaient nécessaire la notification particulière, indépendamment de la notification diplomatique, et que le maintien de cet usage était nécessaire dans le blocus des ports du Mexique.

Dans d'autres circonstances, la France a fait application des mêmes principes. En 1839, pendant que le blocus des côtes de la République Argentine subsistait encore, la corvette française, la *Perle*, surprit deux navires marchands des États-Unis, l'*América* et l'*Elisa-Davidson*, au moment où ils débarquaient leurs cargaisons sur la côte bloquée. Les capitaines américains ayant refusé de répondre aux questions qui leur étaient adressées par le commandant de la corvette, et de montrer leurs papiers de bord, le commandant de la corvette saisit les navires et les conduisit à Montevideo. Le commandant de l'escadre des États-Unis réclama la restitution des navires saisis, en alléguant que, s'ils n'avaient pas fait voir leurs papiers, c'est qu'ils étaient en règle et déposés chez le consul des États-Unis, et qu'ils avaient quitté Montevideo avant la notification du blocus. L'amiral français répondit que le refus d'exhiber leurs papiers pour prouver leur ignorance du blocus justifiait la prise des navires américains, en faisant présumer qu'ils violaient sciemment le blocus, que les blocus sur le papier n'en étaient pas moins repoussés par le gouvernement français et que ce dernier n'admettait que des blocus effectifs. Les navires saisis furent cependant relâchés, mais l'amiral français continua de déclarer que l'*America* et l'*Elisa-Davidson* avaient commis un délit, et qu'à ce titre, il protesterait contre toute demande en dommages-intérêts. « Cette prétention, disait l'amiral, est repoussée par la loi américaine elle-même : cette question a été décidée déjà par la cour souveraine des États-Unis. Jomes Kent l'explique positivement (1). »

Par contre, dans le blocus de la Plata, le navire le *Caïman*, fut capturé en 1839 et déclaré de bonne prise par le Conseil d'État, parce qu'il portait des papiers de bord irréguliers et qu'il était, au moment de son arrestation, en violation flagrante du blocus établi par nos forces navales (2).

En 1846, la goëlette sarde, la *Louisa*, fut capturée, dans les eaux de la Plata, par une canonnière française, la *Malouine*. Cette capture ne fut pas admise comme valable par le Conseil d'État (3). La raison qui détermina le Conseil d'État à prendre ce parti fut le défaut

----

(1) KENT, *Commentaries on american law* (3ᵉ éd. I, p. 157).
(2) PISTOYE et DUVERDY, *op. cit.*, t. II, p. 383.
(3) PISTOYE et DUVERDY, t. II, p. 382.

de notification spéciale et de sa mention sur le rôle d'équipage. « Il ne suffisait pas, dit l'arrêt, que le blocus effectué par nos forces navales eût été notifié par nos agents aux puissances étrangères : il fallait, en outre, pour qu'un navire neutre pût être légitimement capturé, que, conformément aux principes du droit maritime français, ledit navire eût été spécialement averti de l'existence et de l'étendue du blocus, et que la mention de cet avertissement eût été inscrite sur son rôle d'équipage. »

En 1843, un cas analogue s'était déjà présenté, à l'occasion du même blocus. La prise de la goëlette américaine, la *Joséphine*, par la goëlette française l'*Éclair*, fut déclarée non valable par le Conseil d'État parce que, « bien qu'il fût constaté au procès-verbal rédigé par le commandant de l'*Éclair* qu'avertissement du blocus avait été donné par lui de vive voix la veille de la capture au capitaine de la *Joséphine*, il ne résultait pas de l'instruction que le capitaine eût compris cet avertissement, ou qu'il eût été suppléé à la mention de l'avertissement qui aurait dû être inscrite sur le rôle d'équipage ». On voit, par cet exemple, avec quelle modération à l'égard des neutres les règles du blocus étaient appliquées par la France.

Outre les cas que nous venons de citer, le blocus établi par la France dans les eaux de la Plata, nous offre d'autres exemples intéressants de violation de blocus. C'est ainsi qu'en 1849, l'*Aurora* et l'*Indepen-*

dencia-Americana, saisis par des navires français, furent déclarés de bonne prise parce qu'ils avaient tenté de franchir la ligne du blocus, bien qu'avertis de ce blocus par une mention expresse sur leurs papiers de bord. Vers la même époque, les prises de la *Fortuna*, du *Monte-Alègre* et de la *Candelaria* furent aussi déclarées valables parce que ces navires avaient violé un règlement du 23 avril 1839, fait entre le commandant français et les autorités de Montevideo. Dans ce règlement, il était dit que la notification particulière du blocus aux navires montévidéens n'était pas indispensable et que ces navires devraient faire viser leurs papiers par les autorités françaises. En 1850 l'*Elisa-Cornish*, navire anglais capturé dans les eaux de la République Argentine par le navire français la *Chimère*, fut déclaré de bonne prise par le Conseil d'État, parce que, après avoir été averti avec mention sur son livre de bord qu'il ne pouvait sortir que sur lest, il était sorti du port de Buenos-Ayres avec son chargement. Enfin, en 1850 également, le brick anglais, *The Fame*, fut déclaré valablement capturé, par ce motif qu'après être entré dans le port bloqué de Buenos-Ayres, malgré un avertissement et en abandonnant ses papiers aux navires en croisière, il avait tenté de sortir de ce port après le délai accordé aux neutres pour en sortir.

Un blocus fictif fut encore établi en Espagne en 1842. Le port de Barcelone et la côte comprise entre le Bélos et le Llobregat furent mis en état de blocus, pendant l'insurrection de Barcelone, par le régent d'Espagne. Ce ne fut qu'un blocus par croisières maintenu par des vaisseaux dont la seule fonction était de surveiller la côte pour empêcher les communications avec les rebelles.

En 1846, pendant la guerre entre les États-Unis et le Mexique, on vit également déclarer un blocus fictif. Ce blocus fut mis par le commodore Stockton sur tous les ports, toutes les baies et toutes les passes de la côte occidentale du Mexique jusqu'au sud de Diego. Le gouvernement anglais protesta contre cette mesure en disant que ce n'était qu'un blocus sur papier. Le cabinet de Washington répondit qu'il avait le droit de maintenir un blocus de cette étendue, mais que les ports déclarés bloqués ne seraient considérés comme tels que s'il y avait des forces suffisantes pour en prohiber l'entrée, et que ces forces étaient présentes ou dispersées momentanément par le mauvais temps avec intention de retour.

En 1848 un nouveau progrès fut réalisé dans la règlementation du blocus. On admet généralement qu'un vaisseau neutre, stationnant dans le port au moment de la déclaration du blocus de ce port, peut sortir sur lest ou avec des marchandises prises à bord avant cette déclaration. Dans ce dernier cas, il faut considérer l'époque du chargement. Pour éviter les discussions si fréquentes à cet égard, le Danemarck, en 1848, accorda, dans sa guerre avec l'Allemagne, un certain délai aux navires neutres pour sortir des ports bloqués avec leurs cargaisons. Dans la suite, cette pratique fut renouvelée, en particulier pour le blocus d'Arkhangel du 1er août 1854, où il fut accordé aux neutres un délai de quatorze jours. Pendant la guerre de 1864, entre le Danemarck et la Prusse, le laps de temps accordé fut généralement de trois semaines. Les guerres récentes ont également toutes consacré ce principe.

Ce fut aussi l'année 1848 qui vit éclore l'un des règlements les plus importants en matière de blocus. Ce règlement, danois, entre autres dispositions intéressantes, contenaient les suivantes : « Est regardé comme port bloqué, celui devant lequel un ou plusieurs vaisseaux de guerre sont stationnés, de manière que nul bâtiment marchand ne puisse entrer ou sortir sans un danger évident d'être amené. Arrivé sur la station, l'officier commandant les vaisseaux de guerre donnera avis du blocus aux consuls de toutes les puissances amies et neutres par une circulaire qu'il leur adressera à cet effet, et tous les bâtiments, amis et neutres, qui se trouvent déjà dans le port au commencement du blocus, auront la libre faculté de se retirer dans le délai dont on conviendra.

« Un exemplaire de la patente royale concernant le blocus sera communiqué à chaque navire passant par le Sund et les Belts. Il est défendu d'user de voies de fait à l'égard des navires amis et neutres, à moins qu'après avoir été avertis du blocus ils n'essaient de le rompre ; mais, tant qu'il y a lieu de présumer que le blocus ne leur est pas connu, le simple essai de passer par la ligne de blocus ne justifiera point l'emploi de la force ; un navire ami ou neutre ne pourra pas davantage être amené par le motif seul qu'il est destiné pour un port bloqué ou qu'il se dirige vers ce port. Dans ces cas, l'officier commandant les vaisseaux stationnés n'aura qu'à prévenir les bâtiments respectifs de la déclaration du blocus et, lorsqu'il en aura été fait mention sur le journal du bord, le navire sera libre de prendre une autre route.

» Si, malgré cet avis, le navire tente de franchir la ligne de blocus ou s'il y a lieu de présumer qu'il ait été informé du blocus à son passage par le Sund ou par les Belts, ou que même il l'ait connu dès son départ du lieu où il a mis en mer, dans tous ces cas, une tentative d'entrer dans le port bloqué sera regardée comme une violation du blocus, et, en cas de nécessité, on usera de force pour amener le navire. »

Nous avons déjà dit que, dans la première moitié de ce siècle, contrairement à la plupart des autres puissances, l'Angleterre n'avait pas renoncé aux blocus fictifs. En 1850, sous prétexte de soutenir les prétentions d'un Juif portugais, établi à Athènes et nommé Pacifico, qui réclamait 100,000 fr. pour réparer les dommages subis par sa maison durant une émeute, le ministre des affaires étrangères anglais, lord Palmerston, fit envoyer au Pirée la flotte anglaise de la Méditer-

ranée composée de 14 bâtiments et commandée par
l'amiral William Parker. Cet amiral, sur les instructions du gouvernement britannique, déclara toutes les
côtes de Grèce mises en état de blocus, pour les bâtiments de guerre seulement. Il était évident que ce blocus
maintenu par 14 bâtiments sur une étendue de côtes aussi
considérable ne pouvait être qu'un blocus par croisières.
Ce blocus n'était d'ailleurs qu'une mesure de représailles,
édictée en dehors de l'état de guerre proprement dit
par une grande puissance, pour triompher à peu de frais
d'un État faible comme la Grèce. C'était un de ces blocus
dénommés pacifiques, comme la France, l'Angleterre
et la Russie en avait établi un devant Navarin en 1827,
et comme la France l'avait fait, seule, pour l'embouchure du Tage, en 1831.

Nous arrivons maintenant à la guerre de Crimée, qui
se termina par le traité de Paris et la célèbre déclaration
du 16 avril 1856. Au début de la guerre, la Grande-Bretagne, qui venait de s'allier avec la France, manifesta
l'intention de renoncer provisoirement à la ligne de
conduite qu'elle avait toujours suivie jusqu'alors, pour
se conformer à celle de la France. Le 28 mars 1854, le
gouvernement anglais déclara modifier l'application de
ses anciennes règles, afin de rendre la guerre aussi peu
onéreuse que possible pour les puissances avec lesquelles
il restait en paix. Cette déclaration proclamait, en outre,
« que, pour préserver le commerce des neutres de toute
entrave inutile, Sa Majesté est disposée, *quant à pré-*

sent, à abandonner une partie des droits de belligérant qui lui appartiennent en vertu du droit des gens... Elle doit maintenir le droit qu'à le belligérant d'empêcher les neutres de violer tout blocus effectif, qui pourrait être établi avec des forces suffisantes contre les ports, les rades et les côtes de l'ennemi ». A la Chambre des Lords, le duc de Newcastle, ministre de la guerre, déclara également, en réponse à une interpellation du marquis de Clauricarde, que « le gouvernement anglais ne pouvait établir aucun blocus qui ne fût effectif, et qu'il n'avait nullement l'intention d'établir ce qu'on nomme ordinairement des blocus sur papier ». Les hommes d'État anglais pensaient que cette déclaration n'aurait qu'un effet transitoire ; comme nous le verrons plus loin, ils furent déçus dans leurs espérances.

Pendant cette guerre de la France, de l'Angleterre et de la Turquie contre la Russie, les puissances alliées établirent, d'abord, un blocus à l'embouchure du Danube, dans le but d'empêcher l'approvisionnement par mer des ports russes situés le long de ce fleuve. En conséquence, tous les navires des nations neutres, qui se présentèrent pour entrer dans les bouches du fleuve, s'en virent refuser l'accès. C'est l'un des exemples les plus importants dans l'histoire d'un blocus effectué à l'embouchure d'un fleuve ou d'une rivière.

Le blocus fut également mis, durant les hostilités, par la France et l'Angleterre, sur tous les ports russes de la Baltique et des golfes de Finlande et de Bothnie, en particulier devant Riga. Ce dernier blocus entraîna même une déclaration anglaise sur le degré d'effectivité nécessaire au blocus pour qu'il soit valable, qu'il est intéressant de signaler.

Dans l'affaire du navire, le *Franciska*, le docteur Lushington, appelé à se prononcer sur la question de savoir si le blocus de Riga était effectif, déclara que les définitions du blocus étaient naturellement vagues et incertaines, que le maintien du blocus devait être une question du degré de danger auquel s'exposaient les navires entrant dans le port bloqué ou en sortant, que le blocus devait être maintenu par des forces suffisantes, mais qu'aucune force ne pouvait barrer l'entrée d'un port avec une certitude absolue, que des navires pouvaient entrer ou sortir pendant la nuit, ou par suite de brouillards ou de tempête. « Dans tous les cas, ajoutait-il, l'enquête a eu pour but de constater si les forces bloquantes étaient capables de maintenir le blocus et si elles étaient présentes, et, les choses étant ainsi, on a présumé l'accomplissement du devoir. Je pense pouvoir affirmer en toute sécurité que, dans aucun cas où les forces bloquantes étaient sur les lieux ou à proximité, on n'a considéré le blocus comme nul, parce que des navires sont entrés dans le port ou en sont sortis, sans que cette entrée ou cette sortie ait eu lieu du consentement de l'escadre bloquante. »

Le blocus de Riga nous offre aussi un exemple de la rigueur avec laquelle l'Angleterre interprète les violations de blocus. Le navire danois l'*Union*, fut capturé, le 21 mai 1854, par un croiseur anglais, sur le simple soupçon d'avoir eu l'intention de violer le blocus de Riga. Il était parti de Flensbourg avec cette destination, mais il devait, en cas de blocus de Riga, se diriger vers Mémel, port prussien. L'avocat de la reine n'en soutint pas moins, devant la Cour d'amirauté et malgré les affirmations contraires du capitaine de l'*Union*, que ce dernier connaissait au départ le blocus de Riga et que, s'il n'avait pas rencontré de forces anglaises, il serait entré dans le port bloqué.

Avant de parler de la Déclaration de Paris, il nous reste à faire remarquer que les blocus établis par la France et l'Angleterre pendant la guerre de Crimée, furent simplement notifiés diplomatiquement ; il n'y eut aucune notification spéciale. L'évolution du droit de blocus subissait ainsi une sorte de recul.

La guerre de Crimée prit fin par le traité de Paris du 30 mars 1856. Les représentants des grandes puissances européennes, réunis à Paris, « considérant que le droit maritime en temps de guerre avait été, pendant longtemps, l'objet de contestations regrettables » (1), signèrent, pour uniformiser la doctrine à ce sujet, l'importante Déclaration du 16 avril 1856, qui abolissait la course et proclamait le principe, « le pavillon couvre la marchandise et ne la confisque pas ». Le blocus fictif était éga-

____

(1) Préambule de la Déclaration.

lement repoussé, quoique d'une manière beaucoup moins explicite que dans les actes de la Neutralité armée de 1780 et de 1800. Le 4ᵉ principe, adopté à cet effet par le Congrès, était conçu en ces termes : « Les blocus, pour être obligatoires, doivent être effectifs, c'est-à-dire maintenus par une force suffisante pour interdire réellement l'accès du littoral de l'ennemi ». L'Angleterre, en signant cette déclaration, renonçait ainsi solennellement, pour la première fois, à ses anciennes pratiques. A la Déclaration accédèrent également toutes les principales puissances du monde entier, sauf l'Espapagne, le Mexique et les États-Unis (1). Cette déclaration subsiste toujours dans son intégralité et l'on peut dire maintenant que, théoriquement, la règle des blocus effectifs et réels est un principe incontesté de jurisprudence internationale.

(1) Cette exception est importante à signaler, étant donné le conflit qui est survenu l'année dernière entre l'Espagne et les États-Unis. Il y a lieu de remarquer aussi que le Japon a, en 1886, spontanément adhéré à la Déclaration de Paris. La Chine n'a pas fait de même. Cette différence de principes entre ces deux puissances voisines pourrait entraîner de curieuses conséquences en cas de conflit entre elles, comme celui qui s'est produit en 1894.

CHAPITRE VI

Comment la Déclaration de 1856 a-t-elle été observée depuis cette époque ? En 1859, d'abord, à l'occasion de la guerre contre l'Autriche, les instructions données aux commandants des navires de guerre français s'inspirèrent des principes de cette déclaration et déclarèrent adopter la même ligne de conduite que celle qui avait été suivie par la France et l'Angleterre pendant la guerre de Crimée. Voici les règles que consacraient ces instructions :

« Conformément au quatrième alinéa de la Déclaration du 16 avril 1856, tout blocus, pour être obligatoire, doit être effectif, c'est-à-dire maintenu par une force suffisante pour interdire l'accès du littoral de l'ennemi.

« L'établissement de tout blocus devra faire l'objet d'une notification formelle aux autorités des points bloqués. Cette notification sera envoyée aux autorités, en même temps qu'au consul d'une des puissances neutres, au moyen d'un parlementaire. Il conviendra de remplir la même formalité si le blocus vient à être étendu à quelque nouveau point de la côte. Les limites du blocus seront expressément désignées par leur latitude et leur longitude.

« La violation d'un blocus ainsi établi résulte, aussi bien de la tentative de pénétrer dans le lieu bloqué que de la tentative d'en sortir après la déclaration de blocus, à moins, dans ce dernier cas, que ce ne soit sur lest, ou avec un chargement pris avant le blocus ou dans le délai fixé par le commandant des forces navales, délai qui devra toujours être suffisant pour protéger le commerce et la navigation de bonne foi. Ce délai devra d'ailleurs être mentionné dans la déclaration de blocus.

« Les bâtiments qui se dirigent vers un port bloqué ne sont censés connaître l'état de blocus qu'après que la notification spéciale en a été inscrite sur leurs registres ou papiers de bord par un des bâtiments de guerre formant le blocus. »

Ces instructions furent renouvelées, dans les mêmes termes, le 25 juillet 1870. Elles assuraient le plus efficacement possible le respect des droits des neutres et furent ponctuellement observées.

Malgré les déclarations formelles qu'elle avait faites en 1854 et en 1856, l'Angleterre ne put se résigner à pratiquer dans toutes les circonstances des blocus véritablement effectifs. C'est ainsi qu'en 1862 elle prétendit mettre le port de Rio de Janeiro en état de blocus, avec un seul navire. En agissant ainsi, elle revenait manifestement au système qu'elle avait toujours employé avant 1854. L'Espagne fit, d'ailleurs de même, en 1865, en déclarant toutes les côtes du Chili en état de blocus. Elle rendit cependant ce blocus effectif, peu de temps après, en le limitant à six ports seulement.

Ce fut vers la même époque, en 1861, qu'éclata la célèbre guerre de Sécession, guerre civile qui mit aux prises les États fédéraux du nord des États-Unis avec les États confédérés du sud. Les belligérants n'avaient pas adhéré à la déclaration de Paris de 1856, mais ils avaient manifesté l'intention de se conformer à cette déclaration pendant toute la durée de la guerre. Ce ne fut cependant pas cette conduite qu'ils suivirent. Le président Lincoln promit bien, dans les différentes déclarations de blocus qu'il promulgua, au nom des États du Nord, contre les États du Sud, qu'il n'y aurait d'établis que des blocus effectifs, maintenus par des forces suffisantes, et une dépêche du 15 février 1862, adressée par L. John Russel au ministre anglais à Washington, Lord Lyons, reconnaissait également bien que les blocus des ports du Sud avaient été réels jusqu'alors. Il n'en est pas moins évident que les blocus établis furent non seulement des blocus par croisières, mais même parfois de véritables blocus fictifs proprement dits.

En effet, l'étendue des côtes bloquées était de 3.500 kilomètres, comprenant 80 ports ou embouchures de rivières, et la flotte américaine, au début de la guerre, ne comprenait que 45 navires. On y ajouta, peu de temps après, 50 vaisseaux marchands, mais ils étaient loin, en général, d'être bien équipés. Aussi de nombreux navires pouvaient-ils entrer ou sortir des ports bloqués sans courir de dangers sérieux. Dans le numéro du *New-York-Herald* du 17 septembre 1861, nous trouvons signalés les faits suivants : « Pendant les mois d'août et de septembre, la goëlette *Lovejoy* est sortie du port de Galveston et y est rentrée deux fois, chargée de café et venant du Mexique. Durant le mois d'août, 14 navires sont entrés à Charleston (Caroline du Sud) et 33 à Wilmington (Caroline du Nord); et, dans ces deux ports, on a recueilli des droits de douane s'élevant à 180.000 dollars. A la Nouvelle-Orléans, des faits analogues se sont produits : les 9 et 10 septembre, deux navires sont sortis de ce port et, le jour suivant, un navire anglais y est entré. Tous les jours, du reste, cela est notoire, il part des navires de S\^{t\}-John, de New-Brunswick, des îles Bermudes, des Barbades et d'Halifax, à destination des ports du Sud. » Dans d'autres journaux, on trouve rapportés des faits analogues.

Le blocus de Charleston est surtout à signaler pour son manque d'effectivité. Tel ne semble pas cependant avoir été le sentiment des Anglais, comme le prouve ce passage de Hall (1) : « Durant la guerre civile d'Amérique, le blocus de Charleston était habituellement maintenu par quelques vaisseaux dont l'un se tenait devant la barre entre les deux principales passes d'accès,

(1) *International Law*, p. 726.

tandis que deux ou trois autres croisaient au dehors à une distance convenue. Cette quantité et cette disposition de forces paraissent avoir été considérées par le gouvernement britannique comme amplement suffisantes pour créer le degré de risque nécessaire, d'après l'opinion anglaise sur le droit international, bien que, grâce à la nature particulière de la côte, un grand nombre de vaisseaux aient réussi, durant tout le cours du blocus, à sortir du port ou à y entrer. » Du mois de janvier 1863 au mois d'avril 1864, sur 590 navires qui tentèrent de violer le blocus de Charleston, 480 réussirent à entrer dans le port ou à en sortir.

Malgré le peu d'effectivité du blocus, les puissances européennes ne firent pas entendre de protestations contre la conduite des États américains du Nord. L'Angleterre, même, déclara l'approuver, et lord John Russel reconnut que les forces chargées de maintenir le blocus étaient suffisantes et que, si des vaisseaux avaient pu pénétrer dans les ports bloqués, c'étaient des vaisseaux de faible tonnage et de trop peu d'importance pour faire présumer la non-effectivité du blocus.

Le blocus américain ne fut donc qu'un blocus par croisières. Au mois d'août 1861, il faillit même devenir un blocus sur papier proprement dit. Le Président des États-Unis décida, en effet, à cette époque, que, « vu l'insuffisance du nombre des navires de guerre américains, certains ports du Sud seraient déclarés comme n'étant plus des ports d'entrée ». Les États-Unis prétendaient agir ainsi par droit de souveraineté ; ils avaient cependant reconnu à leurs adversaires la qualité de belligérants. En outre, s'ils n'avaient pas adhéré à la déclaration de Paris, ils avaient, au début de la guerre, déclaré formellement en adopter les principes en matière de blocus.

Les prétentions des États-Unis au blocus sur papier restèrent sans effet, par suite d'une protestation de l'Angleterre et de la France contre ce projet. Mais, peu de temps après, en décembre 1861, le Président des États-Unis établit ce qu'on a appelé le *blocus par pierres*, en faisant couler des navires chargés de pierres à l'entrée des ports du Sud, notamment de Charleston. Ce procédé, traité par M. Seward, secrétaire d'État des États-Unis, de simple mesure militaire, était absolument contraire au droit des gens, il est aisé de le faire voir. Les croiseurs américains, étant en nombre insuffisant pour prévenir tous les navires neutres, qui se présentaient devant les ports bloqués, de l'existence du blocus, il en résultait que beaucoup de vaisseaux, dans l'ignorance de ce blocus, se dirigeaient sans défiance vers un port bloqué et allaient échouer sur la ligne de pierres qui en fermait l'entrée. Ce blocus par pierres, qui était, d'ailleurs, un acte matériel pouvant subsister après la paix, méritait donc bien d'être appelé « une odieuse barbarie », qualification qui lui fut donnée par le Président des États confédérés, Jefferson Davis.

A d'autres points de vue, le blocus des côtes du Sud

des États-Unis, durant la guerre de Sécession, par les particularités qu'il présentait et les applications qu'on en fit, a une grande importance. La notification du blocus de la Caroline du Sud et de la Virginie, faite en 1861 par le commodore Prendergast, annonçait que les navires neutres se trouvant dans les ports bloqués avant l'arrivée des forces bloquantes, auraient un délai de 15 jours pour repartir, soit chargés, soit sur lest, et que, passé ce délai, ils seraient soumis à la capture, s'ils essayaient de franchir la ligne de blocus.

Pour réprimer les violations du blocus, une mesure singulière fut prise, en décembre 1861, par un commandant de stationnaire. Ce commandant fit arrêter les matelots, qui étaient à bord d'un navire anglais ayant essayé de forcer le blocus d'un des ports du Sud, et les contraignit à prêter serment de ne pas renouveler leur tentative. Cette mesure fut vivement blâmée par M. Seward. Il déclara que les marins, qui composaient l'équipage du navire ayant violé le blocus, ne devaient pas être traités comme des prisonniers de guerre, mais comme des témoins. La conséquence de cet incident fut une instruction du contre-amiral Farragut, commandant l'escadre de blocus, du 9 mai 1864, qui indiquait la manière dont devaient être traitées les personnes trouvées à bord d'un vaisseau capturé pour violation de blocus, et spécifiait celles qui devaient être relâchées.

Les Américains du Nord ne se contentèrent pas, durant la guerre de Sécession, d'établir le blocus par croisières des ports du Sud. Ils allèrent jusqu'à admettre le droit de prévention dont avait d'abord abusé la Hollande au xviiᵉ siècle, puis l'Angleterre jusqu'au milieu du xixᵉ. Selon les États fédéraux, il y avait infraction coupable au blocus lorsque la destination immédiate du vaisseau neutre et de sa cargaison était un port neutre, mais qu'il y avait intention de conduire ultérieurement la cargaison vers un port bloqué. Il a été, notamment, fait application de ce principe arbitraire dans une cause sensationnelle, dont nous allons dire quelques mots, dans l'affaire du *Springbok*.

Le navire anglais, le *Springbok*, avait quitté Londres en décembre 1862 pour se rendre au port neutre de Nassau. Capturé par un corsaire américain, ce navire fut déclaré de bonne prise par la Cour de district de New-York, sous prétexte que sa destination réelle était un port quelconque bloqué par les forces des États-Unis. Appel fut interjeté devant la Cour suprême de Washington. L'arrêt de cette Cour ordonna la restitution du navire mais confirma la confiscation de la cargaison, par ce motif que les propriétaires de cette cargaison avaient l'intention de la transférer dans un autre navire que le *Springbok* et de violer le blocus. La Cour de Washington admettait ainsi la théorie de la continuité du voyage que nous développerons dans la deuxième partie.

Il nous reste à parler, à propos de la guerre de Sécession américaine, d'un débat intéressant qui eut lieu sur la question de la portée des notifications de blocus. Pendant le blocus des côtes du Texas et de la Caroline du Sud, en janvier 1863, les **navires** des États confédérés forcèrent les vaisseaux qui **bloquaient** Charleston, à se disperser, et notifièrent aux consuls **étrangers** la cessation du blocus. Le vapeur anglais *Petrel* constata qu'il n'y avait plus aucun navire ennemi jusqu'à 5 milles de l'ancienne ligne de blocus, mais, le lendemain du jour où fut faite cette constatation, une escadre des États du Nord revint pour renouveler le blocus. A Galveston, le même fait se produisit et, pendant 10 jours, il n'y eut pas de forces bloquantes devant le port. Les Confédérés soutinrent que, pour rétablir le blocus, une nouvelle notification était nécessaire : ils exigeaient même, entre cette notification et le blocus, un intervalle de 60 jours. A ces prétentions exagérées les Fédéraux répondirent que le blocus n'était pas interrompu par le seul fait de la dispersion momentanée de l'escadre de blocus. Il n'est cependant pas douteux, comme nous le verrons plus tard, d'après l'avis général des publicistes, que la dispersion, par suite d'une défaite, de l'escadre de blocus, constitue une mise à néant du blocus, et que, pour le rétablir, une notification aux neutres est indispensable.

Quels furent les effets du blocus américain, durant la guerre de Sécession, sur le commerce des neutres ? Le commerce de la France et celui de la Grande-Bretagne, en particulier, subirent de graves préjudices. L'exportation des vins français devint presque nulle durant le blocus. L'industrie cotonnière, en France, eut également beaucoup à souffrir : elle ne put tirer, en 1861, que 22,932 balles de coton de l'Amérique, au lieu de 700,000 qui constituaient à peu près sa consommation annuelle. En Angleterre, la même année, le prix du coton renchérit beaucoup et l'on a souvent cité ce fait que le nombre des journées de travail tomba, dans le grand centre manufacturier de Manchester, à trois par semaine.

Pendant la guerre de Sécession américaine, avait éclaté entre l'Autriche et la Prusse, d'une part, et le Danemarck, d'autre part, la guerre dite des duchés. Dans cette lutte inégale, le Danemarck fut accusé par l'Allemagne d'avoir violé la déclaration du 16 avril 1856 et le règlement publié pour cette guerre même le 15 février 1864. Ce règlement, analogue à celui de 1848 que nous avons cité, indiquait ainsi les conditions exigées pour qu'un port fût en état de blocus : « Un port ennemi est bloqué, lorsqu'il est investi par un ou plusieurs vaisseaux de guerre, de manière à ce qu'aucun bâtiment marchand ne puisse entrer dans ce port ou en sortir sans un danger évident d'être saisi ».

La presse allemande prétendit que le Danemarck n'avait établi dans la Baltique que des blocus fictifs, par croisières. Gessner est également de cet avis. Voici ce qu'il dit dans son ouvrage, le *Droit des Neutres sur mer* (1) : « Dans les prétendus blocus de ports prussiens qui ont été déclarés après le 15 mars de la même année (1864), on ne voyait, dans la règle, pas même de croiseurs danois devant les ports en question ; à plus forte raison, n'y avait-il pas de vaisseaux stationnés devant leur entrée. » Il cite ensuite, à l'appui, le numéro du 14 avril 1864 du journal officieux le *Norddeutsche allgemeine zeitung* qui s'exprimait dans ces termes : « Chaque jour des vaisseaux entrent dans des ports situés sur la côte bloquée sans avoir vu un seul vaisseau de guerre danois ». Après avoir indiqué des exemples de ce fait, la feuille allemande ajoutait : « Le blocus danois n'est donc qu'un blocus sur papier, puisque les vaisseaux danois ne sont stationnés nulle part et se montrent seulement de temps à autre, à une grande distance de la terre, pendant les courses qu'ils font devant les côtes prussiennes. »

M. de Bismarck protesta contre la conduite du Danemarck à la conférence de Londres. Gessner prétend que les blocus rétablis après cette conférence furent encore fictifs. Mais il apparaît bien, cependant, que les réclamations prussiennes étaient exagérées. Le Danemarck s'est toujours efforcé, durant la guerre, de maintenir des blocus effectifs et de se conformer aux principes du droit international proclamés par la Déclaration de Paris ; il faut avouer, néanmoins, que son infériorité ne lui a pas toujours permis de réussir dans ses efforts. Lorsque

(1) P. 184.

la paix fut sur le point d'être conclue, les vainqueurs demandèrent aux Danois la restitution des navires allemands saisis, sans préjudice d'indemnités aux propriétaires intéressés. Le Danemarck s'y refusa avec énergie, en déclarant que la conduite de ses croiseurs avait été de tous points d'accord avec la déclaration de 1856 et le règlement promulgué au début de la guerre.

Nous avons déjà dit qu'en 1870, comme en 1859, la France s'attacha à respecter les principes de 1856 et n'établit que des blocus effectifs. Ces blocus présentèrent ce caractère particulier qu'ils furent mis surtout sur des ports de guerre ou de commerce de la France elle-même. Il n'est pas douteux que nous eussions le droit d'établir de tels blocus, car les ports déclarés bloqués, le 13 décembre 1870, furent les ports de Rouen, Dieppe et Fécamp, alors occupés par les troupes allemandes. Cette mesure devait s'étendre à tous les ports que l'ennemi occuperait, et elle avait pour but d'empêcher le ravitaillement des Allemands et le débarquement de troupes ennemies sur le territoire. En outre, nous pouvions, au moyen de ce blocus, conserver les navires français qui se trouvaient dans les ports bloqués. Au début de la guerre, l'Allemagne avait, d'ailleurs, agi de la même façon en fermant le port de Kiel. Le 28 septembre 1870, une ordonnance allemande proclama la réouverture de ce port sous certaines restrictions.

Le blocus des ports français ne fut pas maintenu dans toute son efficacité durant toute la guerre. Le 9 janvier 1871, un décret du gouvernement de la Défense nationale suspendit l'application du blocus, en ce qui concernait l'entrée dans les ports des navires chargés de charbon. Les motifs qui avaient amené cette mesure étaient les souffrances des populations françaises résultant des rigueurs de l'hiver.

Depuis 1870, plusieurs blocus ont été déclarés et la plupart ont encore été fictifs. Pendant la guerre d'Orient de 1877, la Russie annonça, le 24 mai, qu'elle se conformerait strictement, quant au blocus, aux règles de la Déclaration de Paris. La Turquie déclara, le 1ᵉʳ mai, son intention formelle de respecter et d'appliquer les mêmes règles. Le 3 mai elle mettait en état de blocus tout le littoral russe de la mer Noire. L'article 2 du décret établissant ce blocus était ainsi conçu : « Le blocus ici décrété commencera le 5 mai de cette année à devenir effectif et sera maintenu par une flotte ottomane en force suffisante ». Malgré ces déclarations, les côtes russes de la mer Noire ne furent jamais effectivement bloquées par la Turquie. Ce fait fut même reconnu par l'amiral turc, Hubart-Pacha (1). Voici ce qu'il disait, notamment, dans une lettre adressée par lui au *Levant Herald* : « Je crois qu'on pose encore la question de savoir si un blocus effectif, qui a pour but d'empêcher les communications de l'ennemi et de nuire à son commerce, ne peut,

____

(1) ROLIN JACQUEMYNS, *Revue de Droit international,* 1878, t.x, p. 24.

dans la situation géographique particulière à la Russie et à la Turquie, être mis complètement à exécution au seul débouché pour les communications et le commerce par eau, c'est-à-dire le Bosphore. Quoiqu'il en soit, il est certain que jamais nous n'avons eu assez de navires à soustraire aux autres nécessités de la guerre pour admettre que nous ayons maintenu un blocus strict. »

La guerre d'Orient se termina par le traité de San-Stefano du 3 mars 1878. Dans ce traité (art. 24), la Sublime Porte prit l'engagement de ne plus établir désormais, dans la mer Noire et la mer d'Azof, de blocus fictifs, contraires à la Déclaration de Paris.

La puissance qui, depuis 1878, a pratiqué surtout les blocus sur papier est le Chili. Ce pays avait cependant adhéré à la Déclaration de 1856. Malgré cette adhésion, le Chili, dans la guerre de 1879-1880, contre le Pérou et la Bolivie, déclara bloquer les ports de ces deux puissances, sans se mettre en peine d'envoyer des bâtiments en nombre suffisant pour assurer l'effectivité d'un tel blocus. Aussi ce blocus fut-il souvent interrompu. Certains ports ne furent bloqués que par un seul croiseur : c'est ainsi que les trois ports de Chorillos, la Chira et Lurin, bien qu'ils fussent assez éloignés les uns des autres, ne furent bloqués que par un seul transport allant de Chorillos à Lurin. D'autres, comme Iquique et Mollendo, ne le furent que fictivement. En définitive, pendant tout le temps que dura la guerre, les navires neutres purent continuer à commercer avec les ports prétendus bloqués sans courir de dangers sérieux. Le navire ennemi, le *Huascar*, entra même deux fois dans Iquique. En présence de ces faits, le gouvernement péruvien protesta en demandant l'intervention du corps diplomatique. Ces protestations restèrent sans effet.

Le Chili a, dans sa guerre civile de 1889, donné un autre exemple de violation des principes du droit des gens consacrés par la Déclaration de Paris. Le président Balmaceda a déclaré bloquer les ports au nord de Caldera, sans disposer d'une force maritime suffisante pour mettre ce blocus effectivement à exécution. La plupart des grandes puissances ont, contrairement à la conduite suivie par elles en 1879, fait entendre de vives réclamations contre cette manière d'agir, et le président Balmaceda, craignant de voir un conflit survenir entre lui et les gouvernements restés jusqu'alors amis avec lui, s'est décidé à révoquer le décret qui établissait un nouveau blocus fictif.

Nous ne parlerons que pour mémoire des blocus soi-disant pacifiques, établis en 1884, par la France devant l'île de Formose et en 1886, par les grandes puissances européennes, sauf la France, sur les côtes de la Grèce. Le 29 juillet 1893 la France forma encore, sous le commandement de l'amiral Humann, en dehors de tout état de guerre, un blocus devant Bangkok.

Un blocus analogue a été établi, en 1897, en Crète, pendant le conflit gréco-turc, par les grandes puissances de l'Europe. Ce blocus, commencé avant la déclaration de guerre de la Grèce à la Turquie, a été maintenu jusqu'à la fin de cette guerre.

La dernière application qui a été faite du blocus est plus intéressante. Elle a eu lieu durant la guerre qui a éclaté l'année dernière (1898) entre l'Espagne et les États-Unis, ces derniers favorisant la récolte de Cuba contre la domination espagnole. A l'occasion du blocus établi devant les ports de Cuba, en particulier de Santiago, et devant Manille, des instructions très importantes ont été données par le Département d'État (ministère de l'intérieur) américain aux vaisseaux et croiseurs chargés de maintenir le blocus.

L'article 1ᵉʳ de ces instructions dit que ces vaisseaux « seront soumis aux règles du Droit international, telles qu'elles résultent des décisions des Cours et des traités et manuels que le Département de la Marine a fournis aux bibliothèques de navires, ainsi qu'aux dispositions des traités passés par les États-Unis avec les autres puissances ». Voici les articles qui règlent ensuite les conditions du blocus et de sa notification aux neutres :

ART. 2. — Un blocus, pour être effectif et obligatoire, doit être maintenu par une force suffisante pour rendre dangereuse l'entrée ou la sortie du port. Si les vaisseaux chargés du blocus sont chassés par une tempête, mais qu'ils retournent aussitôt après à leurs postes, la continuité du blocus n'est point par là interrompue, mais s'ils quittent leurs postes volontairement, sauf pour la mise à exécution du blocus, par exemple pour poursuivre un navire qui viole le blocus, ou s'ils sont dispersés par les forces ennemies, le blocus est interrompu ou détruit. Comme la suspension du blocus a de sérieux effets et entraîne une nouvelle notification, les officiers commandant l'escadre bloquante seront spécialement chargés de ne pas donner matière à réclamations sur ce point.

ART. 3. — Les vaisseaux neutres sont en droit d'exiger la notification d'un blocus avant d'être susceptibles de prise pour avoir tenté de le violer. Il n'y a pas de formes particulières à employer pour cette notification. Elle peut être spéciale, faite par exemple par un vaisseau des forces bloquantes, ou générale, résultant par exemple d'une proclamation du gouvernement qui exerce le blocus ou de la notoriété publique.

Si l'on peut prouver qu'un navire neutre a eu connaissance du blocus d'une manière quelconque, il est de bonne prise et devra être confisqué, mais, si un avertissement formel n'a pas été donné, la règle de la connaissance de fait résultant de la notoriété devra être interprétée d'une façon libérale à l'égard des neutres.

ART. 4. — Les navires, qui se présentent devant un port bloqué et qui se sont mis en route avant la notification, sont en droit d'exiger une notification spéciale de la part d'un vaisseau chargé de maintenir le blocus.

Un officier doit venir à leur bord pour enregistrer sur le livre de bord du navire la constatation de la notification; cet enregistrement contient le nom du navire qui adresse la notification, l'étendue du blocus, la date et le lieu, confirmés par la signature de l'officier. Le vaisseau doit alors être mis en liberté et, s'il essaie de nouveau d'entrer dans le même port ou dans un autre port bloqué, comme on lui a fait notification du blocus, il est de bonne prise.

ART. 5. — S'il résultait de l'acquit à la douane d'un vaisseau qu'il a mis à la voile après que la notification du blocus a été communiquée au pays de son port de départ, ou après que la connaissance matérielle du blocus s'est répandue dans ce port, ce vaisseau restera soumis à la confiscation. Il y a cependant, dans des traités, des exceptions à cette règle, et ces exceptions doivent être strictement observées.

ART. 6. — Un vaisseau neutre peut mettre à la voile de bonne foi pour un port bloqué, à condition de le faire avec l'intention de changer de destination s'il est informé de la continuation du blocus, dans un port intermédiaire. Mais, dans ce dernier cas, il ne lui est pas permis de continuer son voyage vers le port bloqué, en alléguant des recherches d'informations sur l'état de blocus ; il doit, au contraire, prendre ces informations et choisir sa route avant d'arriver dans le voisinage du port bloqué, et, si le blocus a été confirmé formellement par la notification requise, le doute sur la bonne foi d'un tel procédé devra être interprété contre le neutre et l'assujettir à la capture.

Art. 7. — Conformément à la règle adoptée par les États-Unis dans la guerre actuelle avec l'Espagne, les vaisseaux neutres, qui se trouvent dans un port au moment de l'établissement d'un blocus, auront le droit, à moins qu'il n'en soit ordonné autrement par les États-Unis, pendant 30 jours à partir de l'établissement du blocus, de charger leurs cargaisons et de partir dudit port.

Art. 8. — Tout navire qui, dans une circonstance quelconque, s'oppose à la visite, détruit ses papiers, en présente de faux, ou essaie de fuir, sera saisi. La possibilité pour un vaisseau qui viole le blocus d'être capturé et condamné commence et se termine avec son voyage. S'il y a preuve suffisante qu'il a mis à la voile avec l'intention de violer le blocus, il est de bonne prise à partir du moment où il se montre dans la haute mer. De même, s'il a réussi à s'échapper d'un port bloqué, il est sujet à capture durant tout le temps qu'il regagne un port de son pays. Mais avec la fin du voyage se termine la culpabilité.

Art. 9. — Les équipages des bâtiments qui violent le blocus ne sont pas ennemis et ne devront pas être traités comme prisonniers de guerre mais, au contraire, avec certains égards. Quelques-uns des officiers et des hommes d'équipage, cependant, dont le témoignage peut être invoqué devant le tribunal de prise, devront être retenus comme témoins.

Art. 10. — Les marins des puissances neutres devront à titre de mesure de courtoisie, avoir le passage libre pour aller au port bloqué ou en revenir.

Art. 11. — La violation du blocus est une offense spéciale et assujettit le vaisseau qui s'en rend coupable, ou la mise à la voile avec l'intention de la commettre, à la confiscation, sans distinguer la nature de la cargaison. La présence de contrebande de guerre dans la cargaison est une cause distincte de confiscation pour le vaisseau, lorsqu'elle est destinée à un port de l'ennemi non bloqué et avec lequel, sauf la contrebande de guerre, il est permis de commercer.

D'après les dernières prescriptions contenues dans les instructions, les vaisseaux marchands pouvaient être saisis partout, excepté dans les eaux neutres. Cependant les navires marchands espagnols qui se trouvaient dans les ports des États-Unis, avaient jusqu'au 21 mai 1898 pour opérer le chargement de leurs cargaisons et quitter ces ports. En cas de rencontre d'un navire américain, ils pouvaient continuer leur voyage après avoir montré leurs papiers, excepté ceux qui avaient à bord un officier de la marine militaire, ou qui transportaient de la contrebande de guerre, du charbon, des dépêches de ou pour le gouvernement espagnol.

Il résultait de l'article 3 des instructions dont nous venons de parler, que le gouvernement des États-Unis ne reconnaissait comme nécessaire, pour rendre le blocus opposable aux neutres, qu'une seule notification,

générale ou spéciale, et qu'il admettait même la notoriété publique comme un fait suffisant pour mettre en
demeure les neutres de respecter le blocus. En outre,
d'après l'article 8, les États-Unis adoptaient la théorie
que le navire pouvait être saisi comme coupable de vio
lation de blocus s'il mettait à la voile dans cette intention, et qu'il demeurait sujet à confiscation durant tout
le temps que durait le voyage. C'était admettre encore
le droit de prévention et le droit de suite, droits que
les publicistes européens de ce siècle, comme nous le
verrons par la suite, ont tous repoussés à l'exception
des publicistes anglais.

Pendant cette guerre hispano-américaine, plusieurs
bâtiments furent capturés pour cause de violation de
blocus, entre autres le navire français, l'*Olinde Rodri
gues*. Ce navire avait quitté le Havre le 16 juin 1898
pour un voyage vers les Indes occidentales. Le
4 juillet, il entrait à San Juan de Porto-Rico qui avait
été déclaré en état de blocus le 29 juin précédent.
Le croiseur américain, le *Yosémite*, lui notifia le blocus et inscrivit cette notification sur les papiers de bord
de l'*Olinde Rodrigues*. Le 17 juillet suivant, l'*Olinde
Rodrigues* était capturé, à son voyage de retour, par le
croiseur américain le *New Orléans*, devant San Juan
de Porto-Rico. La Cour de district de la Caroline du
Sud, ordonna, dans un arrêt du 13 décembre 1898, que
le navire français fût relâché, en alléguant que le blocus de San Juan n'était pas effectif.

Le gouvernement des États-Unis interjeta appel de cette sentence devant la Cour suprême de New-York. Cette cour reconnut que le blocus de San Juan était effectif (l'effectivité, suivant elle, peut même résulter de la présence d'un seul navire devant le port bloqué), mais elle n'en ordonna pas moins également la restitution de l'*Olinde Rodrigues*, tout en déclarant la capture valable.

« Un motif plausible (pour effectuer la capture), dit l'arrêt de la Cour suprême du 15 mai 1899, existe, lorsqu'il y a des circonstances suffisantes pour autoriser un soupçon, quand bien même les faits ne seraient pas reconnus suffisants pour autoriser une condamnation... Alors même que les circonstances ne seraient pas trouvées suffisantes pour condamner, la restitution ne serait pas nécessairement faite d'une manière absolue, mais elle pourrait être ordonnée conditionnellement suivant chaque cas et un ordre de restitution ne prouverait pas que tout motif plausible fît défaut. » L'arrêt ajoute, un peu plus loin, que la notification du blocus faite par le *Yosémite* à l'*Olinde Rodrigues* imposait à ce dernier « le devoir d'éviter de s'approcher de San Juan, à son retour, d'assez près pour donner précisément un motif de suspicion. Or il dirigeait sa route de façon à suggérer inévitablement le soupçon ». Enfin l'arrêt de la cour suprême signalait la remise du journal de bord comme ayant été faite trois heures seulement après l'arrestation du navire ; deux patentes de santé espagnoles étaient absentes.

Toutes ces circonstances étaient indiquées comme validant la capture du navire. Il n'en est pas moins vrai que cette capture était arbitraire, car, au moment de son arrestation, l'*Olinde Rodrigues* avait déjà sensiblement dépassé San Juan. Quoi qu'il en soit, la Cour suprême de New-York ordonnait la restitution du navire, mais sans dommages-intérêts, et le paiement des frais et dépens se rapportant à sa garde et à son entretien, ainsi que les frais du procès, à l'exception des honoraires d'avocat, étaient laissés à la charge du navire.

En résumé, on peut dire que les États-Unis, de même que l'Angleterre, sont demeurés réfractaires aux principes suivis actuellement par les autres puissances et dans l'examen desquels nous allons maintenant entrer.

DEUXIÈME PARTIE

Conditions de validité et effets du blocus et de sa violation.

CHAPITRE PREMIER

CONDITIONS DE VALIDITÉ DU BLOCUS : DÉCLARATION D'UNE
AUTORITÉ COMPÉTENTE ET NOTIFICATIONS.

Le blocus est un moyen de guerre des plus légitimes en lui-même, nous l'avons vu, mais, pour que cette légitimité existe, plusieurs conditions sont indispensables et c'est leur étude que nous abordons.

Pour qu'un blocus soit valable et régulier, quatre conditions sont nécessaires. Il faut d'abord que le blocus soit déclaré par une autorité compétente. Ensuite, plusieurs formalités sont requises pour cette déclaration : nous aurons à rechercher si le blocus doit être notifié et à qui il doit être notifié. En troisième lieu, le blocus doit s'appliquer à des lieux susceptibles d'être bloqués. Enfin, la dernière condition exigée est un certain degré d'effectivité dans l'établissement du blocus.

1° Quelle est l'autorité compétente pour proclamer le blocus ? Qui a le droit de l'établir ? Cette question d'ordre constitutionnel a reçu différentes solutions selon les pays et selon les époques.

En principe, le blocus, ayant pour effet de supprimer toute communication par mer avec le dehors et de priver ainsi la place bloquée de tout commerce maritime, ne peut être établi que par le gouvernement lui-même. Si l'on admet, avec Cauchy, que le blocus constitue une guerre spéciale distincte de la guerre ordinaire, il faut décider que, seule, l'autorité qui a le droit de déclarer la guerre peut également déclarer le blocus. Il en résulte que, le pouvoir législatif étant généralement celui qui possède maintenant les prérogatives les plus importantes de la souveraineté, en particulier ce droit de déclarer la guerre, ce sera ce même pouvoir qui sera uniquement investi du droit de proclamer le blocus.

L'opinion de Cauchy est personnelle à son auteur et la plupart des publicistes admettent que le blocus ne constitue pas une guerre proprement dite, mais une simple opération de la guerre, d'ailleurs moins violente que les autres. La déclaration du blocus n'en est pas moins un acte du pouvoir souverain, à cause de son importance, et, par conséquent, c'est le pouvoir exécutif qui est spécialement chargé de la faire. Il semble même, à première vue, que le gouvernement ne puisse déléguer à une autorité sous ses ordres la faculté de le remplacer à cet égard. Le commandant d'une escadre ne pourrait en général, de son propre chef, proclamer un blocus, ni étendre à un port voisin celui qui existe déjà contre un autre après avoir été établi dans les formes requises. Les circonstances peuvent cependant être telles qu'il faille déroger à ce principe. C'est ainsi que dans les contrées lointaines on présume aisément que le chef d'escadre qui y opère a reçu la délégation tacite des pouvoirs nécessaires pour la réussite de l'entreprise dont il est chargé, ce qui comporte certainement le droit d'établir des blocus. L'amirauté britannique a adopté cette théorie dans l'affaire du navire le *Rolla*. Les publicistes anglais et Gessner reconnaissent même que le gouvernement peut déléguer au commandant d'une flotte le droit de mettre le blocus sur les ports ennemis.

Plusieurs auteurs ont cependant contesté la thèse qui consiste à admettre l'éloignement et la force majeure comme des raisons suffisantes pour que le chef de forces navales puisse, de sa propre initiative, proclamer un blocus. Ils ont prétendu que, pour agir ainsi, le commandant d'escadre devait être muni d'un mandat spécial, émanant de l'autorité exécutive, ou au moins d'instructions formelles sur ce point, et que l'on pouvait en exiger la preuve. Cette prétention, qui ne tient nul compte des circonstances, est à notre avis trop rigoureuse. Il peut être parfois d'une grande importance que les ordres donnés à un chef d'escadre par son gouvernement ne soient pas révélés. D'autre part, ce chef d'escadre peut, par suite d'urgence, prendre une mesure nécessaire, telle qu'un blocus, avant d'en avoir reçu l'autorisation formelle de son gouvernement. Dans ce dernier cas, c'est seulement si l'établissement du blocus ne reçoit pas ensuite l'approbation de l'autorité compétente que les neutres ont le droit d'enfreindre le blocus et de réclamer des indemnités, s'ils ont eu à en souffrir. Cette opinion est celle de la majorité des publicistes et la pratique universelle dés États y est conforme.

Il ne suffit pas, pour connaître l'autorité compétente en matière d'établissement de blocus, de dire que c'est le pouvoir exécutif qui a cette compétence. Il convient encore de rechercher si cette autorité peut être celle d'un gouvernement de fait, non reconnu par les autres États, aussi bien que celle d'un gouvernement généralement reconnu, et si tous les gouvernements ont le droit d'établir un blocus.

En pratique, on admet généralement que tout gouvernement de fait peut mettre le blocus sur les ports de son adversaire. Nous en avons un exemple remarquable dans ce qui s'est passé en 1870. Le gouvernement de la Défense nationale n'avait pas été reconnu par la plupart des puissances lorsqu'il déclara bloquer les ports de Rouen, Fécamp et Dieppe, occupés par les troupes allemandes. Ce blocus ne souleva néanmoins aucune protestation de la part des neutres.

Dans une guerre civile, le blocus peut-il être établi par l'une des parties sur les ports de son adversaire? Il faut distinguer. Il est nécessaire, nous l'avons dit, pour qu'il y ait blocus, qu'il y ait état de guerre. Le blocus ne peut donc être établi que par ceux qui ont le titre de belligérants. Pour que la qualité de belligérants soit accordée à des insurgés il faut que l'insurrection soit assez forte pour constituer une véritable guerre, dont le but soit de séparer le territoire qui s'insurge de l'État contre lequel il se révolte et d'en former un État indépendant. En 1860, le roi des Deux-Siciles fit à tort entendre des réclamations contre le blocus du port de Gaëte qui avait été mis par le gouvernement révolutionnaire installé à Naples. Ces réclamations n'eurent d'ailleurs aucun écho chez les autres puissances. En 1861, durant la guerre de Sécession, le gouvernement français a admis que les États américains du Sud révoltés contre les États du Nord revêtaient toutes les apparences d'un gouvernement de fait, et, par suite, devaient être traités comme des belligérants ayant le droit d'employer contre leur adversaire « les moyens de coercition en usage dans les guerres » (décision du 11 mai). La Grande-Bretagne adopta le même système. Lorsque les parties sont assez fortes pour soutenir une lutte régulière en observant les lois de la guerre, elles doivent être reconnues comme belligérantes et avoir le droit de mettre le blocus sur les ports ennemis.

Dans une lettre adressée, également pendant la guerre de Sécession, à lord John Russel par M. Adams, ambassadeur des États-Unis à Londres, ces principes rationnels sont nettement exposés. « Lorsqu'une insurrection, disait M. Adams, éclate contre un gouvernement constitué légitimement, les gouvernements étrangers qui veulent rester neutres sont tenus de s'abstenir avec soin de toute mesure propre à exercer une influence quelconque sur la situation du pays dont la tranquillité intérieure est troublée ; cependant, si, après un temps moral suffisant, on voit que la lutte se prolonge et n'offre nulle perspective d'une fin prochaine, alors la nécessité de la reconnaissance des combattants comme belligérants se justifie d'elle-même et personne n'est fondée à la blâmer. »

Les États-Unis avaient, en 1817, pendant la révolte des colonies espagnoles d'Amérique contre leur métropole, traité ces colonies en belligérants dès les débuts de la guerre. Malgré ce précédent, les États-Unis refusèrent longtemps, durant la guerre de Sécession, de considérer les États du Sud comme tels. En 1893, les puissances ont également contesté cette qualité aux insurgés du Brésil révoltés contre leur gouvernement et leur ont, en conséquence, interdit le droit de blocus.

2° Le pouvoir exécutif ou, à défaut, un commandant d'escadre ont donc seuls le droit de déclarer le blocus. Mais comment les ennemis et les neutres auront-ils connaissance de cette déclaration ? C'est là l'objet des notifications. Elles peuvent être de trois sortes.

La première, que tout le monde reconnaît comme nécessaire, est celle qui est faite par le commandant de l'escadre bloquante aux autorités des lieux dont il est chargé d'interrompre les communications avec le dehors par la voie maritime, afin de déterminer le commencement du blocus et d'en marquer l'étendue. La deuxième, adressée aux gouvernements neutres, prend le nom de notification générale ou diplomatique. La troisième, appelée spéciale, est celle que le commandant des forces destinées à maintenir le blocus signifie à chacun des navires qui se dirigent vers la ligne d'investissement ou qui s'y trouvent déjà. En dehors de ces trois modes de notification, le blocus est ordinairement porté aussi à la connaissance des sujets de la nation bloquante par un avis officiel inséré dans le journal du gouvernement.

La première de ces notifications est indispensable pour l'existence du blocus : il n'y a pas de doute à cet égard. Mais la question de savoir si les deux autres sont au même titre obligatoires, ou si l'une des deux suffit, est une de celles qui ont été les plus controversées. Il faut d'abord distinguer si les navires viennent du large où s'ils sont stationnés dans le port au moment de l'établissement du blocus.

A. — Lorsque les navires viennent du large, quelles sont les notifications essentielles à la validité du blocus ? Il n'y a pas moins de cinq systèmes sur ce point. Nous allons signaler les particularités qui les caractérisent et les conséquences qui en dérivent, et rechercher lequel d'entre eux est le préférable.

Tout d'abord, il convient d'écarter un premier systèmes qui n'a été adopté par aucun publiciste, mais qui paraît consacré par certains traités. C'est celui qui n'admet comme nécessaire aucune des deux notifications, générale ou spéciale. Ce système est implicitement renfermé dans la plupart des traités du XVIIIe siècle qui ne parlent pas pour l'effectivité du blocus d'une notification exigible. Dans ce siècle, la Déclaration de Paris est également restée muette à cet égard. Il est cependant absolument contraire au bon sens d'admettre que le blocus peut être valable lorsqu'on ne l'a fait connaître en aucune façon aux neutres. Le blocus est une règle opposable aux neutres et toute règle, pour être obligatoire, doit être publiée d'une manière quelconque. Il ne faut pas pourtant assimiler, à ce point de vue, le blocus à une loi : la loi n'est applicable qu'aux personnes placées sous la souveraineté de l'État qui l'édicte, tandis que le blocus s'étend à beaucoup de personnes qui ne sont à aucun titre soumises à la souveraineté de la puissance qui l'établit. Néanmoins, on ne peut punir pour la violation d'une règle qu'autant que cette règle a pu être connue de celui qui l'enfreint. Dira-t-on que le fait de placer des navires de guerre en station ou en croisière devant un port est suffisant pour avertir les neutres du blocus de ce port? Mais il est bien souvent impossible de savoir, en voyant une flotte de ce genre, si elle a été postée ainsi pour investir un port ou pour tout autre motif. Le navire neutre ne pourra être fixé à cet égard que si, d'une manière quelconque, on l'informe de l'état des choses véritable.

Un second système plus important a été adopté par Gessner. Suivant cet auteur (1), pour la validité du blocus les deux notifications, diplomatique et spéciale, sont nécessaires.

En voici les raisons. La notification générale, d'abord, n'est pas un simple avertissement adressé aux neutres, c'est une des conditions de l'existence juridique du blocus et elle a une importance analogue à celle de la publication pour la validité des lois. Le blocus n'existe pas pour la puissance qui n'a pas reçu de notification par la négligence du belligérant. Quant à la notification spéciale, c'est une condition essentielle de la violation du blocus. Elle est, pour les navires qui ont quitté leur pays avant l'arrivée de la notification diplomatique, le seul moyen de connaître le blocus qu'ils ont à respecter. Pour les navires qui sont déjà informés de l'existence du blocus par la notification diplomatique, la notification spéciale a également une grande utilité : ils ont pu, en effet, partir de leur pays, avec l'espoir de trouver le blocus levé ou interrompu au moment de leur arrivée devant le port bloqué : la notification spéciale a, en conséquence, pour but de leur faire connaître que « le port sur lequel ils

(1) *Op. cit..* p. 197-240.

se dirigent demeure encore bloqué » et ce n'est que s'ils persistent ensuite à vouloir entrer dans ce port qu'ils commettent une violation du blocus.

La doctrine de Gessner est celle d'autres auteurs, en particulier d'Ortolan et de Pistoye et Duverdy. Ces derniers s'expriment ainsi (1) sur la nécessité des deux notifications : « La notification d'un blocus n'a pas seulement pour but de mettre les neutres dans leur tort s'ils essayaient de franchir la ligne du blocus. Son but principal est d'avertir les négociants neutres de ne pas faire d'expéditions pour les lieux bloqués. Le gouvernement belligérant qui n'avertirait pas, par une notification générale, les commerçants neutres que les navires dirigés sur tel ou tel point n'y seront pas admis, manquerait à ses devoirs envers les puissances neutres.

« Supposons qu'une puissance européenne bloque un port européen et ne notifie pas ce blocus d'une manière générale et officielle ; les Américains continueront leurs armements pour le port bloqué et seront ainsi exposés à faire des pertes considérables. C'est pourquoi il faut décider, en principe, que tout blocus doit être notifié officiellement. Dans quelques circonstances la force des choses oblige à déroger à ce principe, mais il n'en subsiste pas moins dans toute sa vigueur. A cet égard, nous sommes complètement de l'avis qu'a émis Lord Beaumont à la Chambre des Lords. (le 2 juin

____

(1) *Op. cit.*, p. 369.

1854) en disant : « Je soutiens que tout amiral qui juge
» opportun de déclarer le blocus d'un port quelconque
» a le droit de le faire, quoique le port soit tellement
» éloigné de l'Angleterre qu'il faudrait 2 à 3 mois pour
» que la publication parût dans la *Gazette de Londres* ».
Encore faut-il en pareille circonstance que la nation
belligérante dont l'amiral a établi un blocus se hâte de
le notifier officiellement, dès qu'elle en a connaissance.
Quant à la notification particulière, elle doit toujours
avoir lieu, quand même le blocus a été notifié officiellement .»

Ce système n'a été consacré dans la pratique par
aucune puissance maritime. On n'a jamais exigé qu'une
seule notification, soit générale, soit, c'est le cas le plus
fréquent, spéciale. Nous avons déjà eu, notamment,
l'occasion de constater que les traités de ce siècle
exigeaient bien, depuis 1815, une notification du blocus,
mais qu'ils n'en exigeaient qu'une seule. Il n'y a que le
projet de codification adopté par le Congrès militaire
hispano-portugais-américain tenu à Madrid en novembre
1892, qui ait exigé, (ch. 6, art. 3 et 4) « pour que le
blocus produise des effets juridiques », une notification
diplomatique préalable aux États neutres, sans exempter
d'une notification spéciale. Ce projet avait une certaine
importance en ce qu'on peut le considérer comme étant
l'expression de la manière de voir des diverses nations
ibériques.

MM. Funck-Brentano et Sorel ont soutenu, dans leur

Précis du Droit des gens (p. 415), une troisième opinion. D'après eux, le blocus, pour être valable, doit être notifié officiellement aux puissances étrangères aux hostilités, mais cette notification diplomatique est seule indispensable. Le motif en est que, le blocus devant être effectif, lorsque l'État en a reçu la notification, il est inutile d'avertir le navire neutre qui tente de violer le blocus : le danger qu'il court peut être par lui connu d'avance et, en tout cas, il suffit de la vue de l'escadre bloquante pour rappeler ou apprendre à ce navire que le port vers lequel il se dirige est bloqué. Cette doctrine est également celle de Perels et de Boek qui considèrent la notification diplomatique comme une des conditions essentielles du blocus.

Heffter (1) et Wheaton (2), et c'est un quatrième système, admettent comme obligatoire, pour la validité du blocus, une notification tantôt générale, tantôt spéciale. Heffter n'indique pas avec précision les cas dans lesquels il suffit d'une notification générale pour faire connaître aux neutres le blocus, et ceux dans lesquels la notification spéciale est seule nécessaire. Wheaton, au contraire, fait nettement cette distinction. Pour lui, il n'y a pas besoin d'avis spécial au vaisseau qui part d'un pays assez proche du port bloqué pour être toujours informé de l'état du blocus, de sa continuation ou de son interruption. Mais, quand le pays d'où le navire

(1) *Droit international de l'Europe,* 3ᵉ éd., p. 296.
(2) *Eléments du droit international,* II, p. 175-176.

a mis à la voile est assez éloigné pour que cette information ne puisse s'y produire, ce navire peut, au bout d'un certain temps, se diriger à tout hasard vers les ports bloqués, avec l'espérance d'y trouver le blocus levé : il a alors le droit de rechercher si le blocus est ou non terminé et ne peut être considéré comme ayant violé le blocus qu'après avoir reçu l'avertissement formel de son existence. En dehors de ce dernier cas, c'est la notification diplomatique qui est seule indispensable pour Wheaton. Il s'exprime ainsi à cet égard : « Comme une notification publique générale n'est pas par elle-même suffisante pour constituer un blocus légal, de même la connaissance de l'existence d'un pareil blocus ne peut être imputée à la partie *simplement* en conséquence d'une pareille notification. Non seulement il faut qu'un blocus réel existe, mais que la connaissance en soit portée *dans le pays de la partie* pour prouver qu'il a été violé. Comme d'une part, une déclaration de blocus qui n'est pas soutenue par le fait ne peut légalement passer pour exister, de même, d'autre part, le fait dûment notifié à la partie en cause est par lui-même suffisant pour en imprimer la connaissance sur cette partie : les notifications publiques entre gouvernements ne peuvent être faites que pour l'information des individus, mais si l'individu est personnellement informé, le but sera encore mieux atteint que par une déclaration publique. »

Ce système est également celui qui a été adopté et

mis en pratique par la Grande-Bretagne. Le juge à la Cour d'amirauté anglaise, Sir William Scott, en avait énoncé la théorie en distinguant deux sortes de blocus : le blocus de fait et le blocus par notification, résultant d'une notification accompagnée du fait. « Dans le premier cas, disait-il, quand le fait cesse autrement que par accident ou par le changement des vents, la fin du blocus a lieu immédiatement, mais, quand le fait est accompagné d'une notification publique du gouvernement belligérant aux gouvernements neutres, je crois, *prima facie*, que le blocus doit être supposé exister jusqu'à ce qu'il ait été publiquement levé. Il n'est pas douteux que l'État belligérant qui a notifié l'existence du blocus doive aussi en notifier, de la même manière et immédiatement, la discontinuation ; ne pas le faire en temps opportun, dès que l'investissement a cessé de fait, serait à l'égard des neutres une fraude dont nous ne supposons aucun pays capable. Je ne dis pas qu'un blocus de ce genre ne puisse dans quelque cas cesser *de facto*, mais un pareil procédé ne doit pas être imputé à la légère à une nation. Aussi, tant qu'un fait n'a pas été clairement établi, je maintiendrai qu'un blocus par notification doit, *prima facie*, être présumé continuer jusqu'à ce que la notification soit révoquée. »

Cette doctrine, qui ne reconnaît la nécessité d'une notification spéciale que dans le cas de blocus de fait, établi dans les pays lointains, a pour effet de rendre obligatoire la seule notification diplomatique, aussi bien pour l'établissement du blocus que pour sa cessation. Elle aboutit, en outre, à dire que la notification diplomatique constitue une présomption de droit, *juris et de jure*, concernant la connaissance du blocus par toutes les puissances neutres. Il en résulte que, pour légitimer la capture d'un navire neutre, il suffit que ce navire se dirige vers un port bloqué, que ce port soit sa destination réelle ou supposée. William Scott, et ce sont les principes qui forment la base de la pratique suivie fidèlement par la Grande-Bretagne et adoptée par les publicistes anglais (1), prétend que la notification à un gouvernement étranger a pour effet de comprendre évidemment tous les individus de cette nation. Les gouvernements étrangers, suivant lui, ont pour devoir d'informer tous leurs sujets « dont ils sont tenus de protéger les intérêts ». En conséquence, le capitaine d'un navire neutre ne peut, dans aucune circonstance, être admis à prouver qu'il ignore la notification du blocus. S'il est dans cette ignorance, il peut réclamer une indemnité à son gouvernement, mais ce ne peut être pour lui un moyen de défense devant le tribunal du belligérant. Il ne peut en être autrement que dans le cas d'un blocus de facto.

Les États-Unis et le Danemarck n'exigent pas non plus, actuellement, les deux notifications pour que le blocus soit opposable aux neutres. Ils ne considèrent la notification spéciale comme indispensable que lorsqu'il

(1) V. notamment HALL, *International Law*, p. 722.

n'y a pas eu notification diplomatique ou notoriété de fait. Ce système est, en particulier, celui du chancelier Kent qui, dans ses *Commentaires sur le droit américain*, s'exprime en ces termes : « Il est absolument nécessaire que le neutre soit dûment averti du blocus, pour qu'il puisse être passible des conséquences pénales d'une violation du blocus. Cette information peut lui être communiquée de deux manières, soit directement ou positivement par un avis formel de la puissance bloquante, soit indirectement ou implicitement par un avis transmis à son gouvernement ou par la notoriété de fait. Peu importe de quelle manière le neutre parvienne à avoir connaissance du blocus. Si le blocus existe réellement et qu'il en ait connaissance, il est tenu de ne pas le violer. Un avis adressé à un gouvernement étranger est un avis à tous les individus de la nation, et il n'est pas permis à ceux-ci d'en prétendre ignorance, attendu qu'il est du devoir du gouvernement neutre de communiquer l'avis à son peuple. Dans le cas d'un blocus sans avis régulier, un avis de fait est généralement nécessaire. »

Le même système se trouve exposé dans les instructions du Département de la marine des États-Unis pendant la dernière guerre hispano-américaine, que nous avons citées, et dans le règlement danois du 16 février 1864, dont les articles 3 et 4 sont ainsi conçus :

ART. 3. — L'expédition d'un navire neutre pour un port bloqué ou la route que prend le navire vers un pareil port n'est pas une raison suffisante pour la capture de ce navire, et même l'essai de rompre la ligne du blocus ne produit pas cet effet aussi longtemps que, par suite du court intervalle qui s'est écoulé entre la déclaration et la notification du blocus, il y a lieu de supposer que le navire neutre n'a pas été informé du blocus au moment où la tentative a été faite. Mais, en ce cas, le chef doit s'empresser de porter le blocus à la connaissance du navire et, après en avoir fait mention sur les papiers de bord, il renverra le navire sans capture et lui laissera la faculté de prendre une autre route.

Art. 4. — Si le navire, après cet avertissement, tente de nouveau de rompre le blocus, ou si, en tenant compte du temps où le navire a quitté le lieu du départ ou pour *quelque cause que ce soit*, on est *fondé à supposer* que le navire aura été informé du blocus, il sera censé par suite de sa tentative avoir contrevenu à dessein au règlement du blocus et sera capturé ».

Le système dont nous venons de parler a été encore consacré au xix° siècle dans un assez grand nombre de traités, entre autres dans ceux qui ont été conclus par les États-Unis avec les autres puissances, et dans les conventions du Mexique avec la Prusse du 18 février 1831, art. 12 (1), et avec l'Autriche du 30 juillet 1843, art. 13. Plusieurs de ces traités s'expriment assez vaguement à cet égard : selon eux, la notification spéciale n'est obli-

(1) Martens, *Nouveau Recueil*, t. xii, p. 534.

gatoire que lorsque le vaisseau neutre ne sait pas que le
port est bloqué, mais ils n'indiquent pas les faits d'où
peuvent résulter cette connaissance ou sa présomption.

Il ne nous reste plus à examiner que le dernier système, celui qui a été pratiqué par la jurisprudence française et adopté par la plupart des publicistes français
les plus autorisés, tels que Hautefeuille, MM. Fauchille
et Bonfils. On peut le résumer en quelques mots : la notification diplomatique n'est pas suffisante pour rendre le
blocus obligatoire vis-à-vis des puissances neutres. Il
faut, pour qu'il en soit ainsi, que la notification spéciale
vienne s'y ajouter. Nous avons vu que, notamment dans
les affaires de la *Joséphine* et de la *Louisa*, la jurisprudence française (Conseil d'Etat) avait exigé une constatation non équivoque de cette notification par sa mention
sur le rôle d'équipage du navire. La notification diplomatique est-elle indispensable d'après cette jurisprudence ?
Non. Dans les cas où le blocus n'a pas été notifié diplomatiquement aux neutres, mais où l'on a eu recours à la
notification spéciale, les tribunaux français ont déclaré
qu'il y avait violation de blocus, si le navire neutre ne
tenait pas compte de cette dernière notification. Jamais
le Conseil d'État n'a décidé que, pour la validité du blocus, les deux notifications étaient nécessaires.

Les instructions françaises de 1859 et de 1870 ont
également décidé que l'avertissement spécial était nécessaire, et seul nécessaire, pour la légitimité du blocus.
Enfin les traités conclus par la France avant 1856, que

nous avons cités, et ceux qui ont été conclus par elle
depuis, entre autres ceux passés par elle avec le San-Salvador le 2 janvier 1858 (art. 21), avec le Nicaragua le 19
avril 1859 (art. 18) et avec le Pérou le 9 mars 1861 (art.
22)(1), renferment la clause suivante : « *Dans aucun cas,*
un bâtiment de commerce appartenant à des sujets de
l'un des pays contractants, qui se trouvera expédié pour
un port bloqué par l'autre, ne pourra être saisi et condamné, s'il ne lui a été fait préalablement une notification ou signification de l'existence du blocus par quelque bâtiment faisant partie de l'escadre ou division de
ce blocus ».

Le système que nous étudions a été également appliqué par la Suède (ordonnances de 1808 et de 1854) et
l'Italie (ordonnance du 20 juin 1866). C'est celui qui est
le plus en faveur en France actuellement et il nous semble que c'est lui le plus rationnel, celui qui concilie le
mieux les devoirs des belligérants avec les droits des
neutres.

En effet, si une notification est nécessaire, comme
nous l'avons fait voir, pour la validité du blocus, ce ne
peut être la notification générale. Ce n'est pas que cette
notification n'ait pas une grande utilité. On a dit qu'elle
était simplement un acte de courtoisie internationale.
Nous pensons qu'elle a une portée plus grande. Dans
certains cas les nécessités de la guerre ou les circonstances empêcheront que l'on puisse y recourir, mais il est

(1) MARTENS, *Nouveau Recueil,* t, XVI.

certain qu'en dehors de ces cas il est de l'intérêt bien entendu du belligérant d'en faire usage. Son but est d'apporter moins de trouble et de désarroi dans le commerce des neutres, en les détournant de faire certaines expéditions inutiles vers les lieux bloqués. Si les neutres veulent, malgré cette notification, aller s'assurer par eux-mêmes de la réalité du blocus, ils élèveront le prix du fret, ne garantiront pas l'arrivée à destination ou feront débarquer leurs marchandises dans le port libre le plus proche du port bloqué. Les belligérants ont toujours intérêt à éviter de froisser les neutres et c'est leur devoir de restreindre, dans la mesure du possible, les dommages considérables que la guerre peut causer à ceux qui ne sont pas leurs adversaires.

Quelle que soit l'utilité de la notification générale, il ne faut pas cependant la considérer autrement que comme un avertissement aux neutres qui n'est pas exigé pour la légitimité du blocus. Gessner a tort de dire qu'elle est aussi importante pour la validité du blocus que la publication pour la validité d'une loi. Ce n'est pas elle qui donne à cette opération de guerre une existence juridique. La loi proprement dite ne s'applique qu'aux sujets de l'État légiférant : c'est la publication qui la rend obligatoire. L'application du blocus s'étend au contraire aux sujets des puissances neutres, sur lesquels un belligérant n'a aucun pouvoir. Les neutres ne sont pas tenus de se soumettre aux prescriptions du belligérant, ni de respecter un blocus déclaré par lui, si ce blocus n'est pas effectivement établi. Cette obligation serait contraire à leur indépendance. Les conséquences de l'opinion de Gessner sont inadmissibles. Il en résulte que le blocus ne doit être opposable aux sujets d'un pays neutre qu'après avoir été notifié diplomatiquement à ce pays, et qu'il est obligatoire aussitôt cette notification pour tous les neutres indépendamment de sa connaissance réelle. Une autre conséquence de ce système est encore moins rationnelle. Si la notification générale donne, seule, une existence réelle au blocus, lorsqu'elle n'aura point été faite, un navire pourra violer un blocus de fait, même après avoir reçu un avertissement spécial de la part des forces bloquantes, sans être punissable. Toutes ces conséquences ne sont pas admises par Gessner, mais elles dérivent logiquement de son système.

Il ne faut pas dire non plus, avec MM. Funck-Brentano et Sorel, que la notification diplomatique, ayant seule une efficacité réelle, est la seule nécessaire. Cette notification ne constitue pas le moyen le plus sûr de faire connaître aux neutres l'établissement d'un blocus. La notification spéciale est un mode d'information beaucoup plus parfait à cet égard. Étant faite sur la ligne même d'investissement par les navires chargés de maintenir le blocus, elle s'adresse nécessairement à tous les intéressés ; la notification diplomatique, au contraire, ne peut être connue que de quelques-uns d'entre eux. En outre, comme le dit très bien Hautefeuille (1), la notification

(1) *Op. cit.*, t. iii, p. 74.

générale est « un usage bon et salutaire; il est conforme aux principes de l'humanité ; mais, ajoute-t-il à un autre endroit (1), elle n'a aucune signification, aucune valeur tant que le fait dénoncé n'existe pas ; elle cesse d'avoir cette signification dès que le fait n'existe plus ». « La valeur, dit-il encore (2), que l'Angleterre veut donner à la notification diplomatique et même à la notoriété du fait, pour les blocus non notifiés, c'est, en réalité, le rétablissement du blocus de cabinet, du blocus sur papier, sous un autre nom. Car ce n'est autre chose que la promulgation du faux principe que la réalité du blocus n'est pas nécessaire pour son efficacité, que le fait n'est rien, mais que la notification diplomatique, que la notoriété du fait, chose plus difficile encore à apprécier, dominent ce fait lui-même, le remplacent et suppléent à son absence ». La seule façon pour les neutres de savoir si un blocus demeure effectif est d'aller vérifier sur les lieux mêmes cet état de choses. La notification spéciale aura pour but de les renseigner complètement sur ce point. Elle servira à faire constater par le neutre la connaissance d'un blocus d'une manière non arbitraire et non équivoque.

La conclusion à laquelle nous aboutissons est donc celle-ci : une seule notification est nécessaire pour que le blocus soit obligatoire à l'égard des neutres, et cette notification est la notification spéciale, faite à chaque

(1) *Op. cit.*, p. 64.
)2) *Op. cit.*, p. 127.

navire qui se présente devant le port bloqué par un vaisseau faisant partie de l'escadre de blocus. La notification diplomatique, malgré sa grande utilité, ne saurait être indispensable, même en dehors des cas où, par suite de l'éloignement ou des nécessités de la guerre, elle est de fait impossible.

B. — Pour les navires qui stationnent dans le port bloqué au moment de l'établissement du blocus et qui désirent en sortir, quelles sont les notifications indispensables ? On admet, dans la pratique, que les bâtiments qui ont pénétré dans le port avant l'investissement, peuvent en sortir sur lest ou avec un chargement effectué avant l'établissement du blocus. Le plus souvent le chargement est interdit après cet établissement. Y a-t-il lieu, par suite, d'avertir spécialement les navires neutres qui cherchent à sortir avec une cargaison ? L'opinion générale sur ce point est que la notification spéciale n'est pas nécessaire dans cette circonstance. M. Calvo donne avec juste raison (1) les motifs suivants de cette manière de voir :

« On conçoit que, pour satisfaire aux exigences multiples de la navigation et pour sauvegarder des opérations engagées de bonne foi..., le droit international ait subordonné à l'accomplissement de certaines formalités, à une série d'avertissements préalables, la capture et la confiscation des navires neutres qui, arrivant de la haute mer, se présentent sur la ligne d'un blocus.

(1) *Op. cit.*, t. v, p. 133.

Mais les mêmes considérations de haute équité ne sauraient être invoquées en faveur des navires qui se trouvent mouillés dans l'intérieur d'une rade au moment où
le port est investi par des forces navales ennemies. En
effet, le chef du blocus s'étant obligé à signifier officiellement aux autorités des lieux dont il est chargé d'interdire l'accès, le but et le commencement de ses opérations, et à fixer un délai pour la libre sortie des navires
chargés ou sur lest, ceux-ci, se trouvant ainsi avertis
d'une manière générale de l'existence du blocus, ne
peuvent plus alléguer cause d'ignorance et n'ont évidemment pas le droit d'exiger qu'on leur fasse encore à
la sortie... une signification spéciale semblable à celle
qui est de rigueur à l'entrée ».

Kent dit même (1) que, pour les navires mouillés dans
le port bloqué, la notoriété d'un blocus est par elle-
même un avis suffisant du blocus. Il convient cependant de faire remarquer que certains traités ont admis,
dans cette hypothèse, l'exigence d'une notification spéciale. On peut citer, en particulier, le traité du 15 septembre 1828, entre le Mexique et les villes hanséatiques,
ceux du 12 décembre 1828, entre les États-Unis et le
Brésil, du 16 mai 1832 et du 13 novembre 1836, entre
les États-Unis et le Chili et le Pérou (2), celui du 16 juin
1843, entre la France et l'Équateur, et quelques conventions plus récentes.

(1) Commentaires sur le *Droit américain*.
(2) Pour ces traités V. MARTENS, *N. Recueil*, t. IX, XI et XV.

Il ne nous reste plus, sur la matière des notifications, qu'à énoncer les manières dont elles s'opèrent dans la pratique. La notification générale est ordinairement adressée diplomatiquement aux puissances neutres par une communication écrite du belligérant, indiquant la date de l'ouverture du blocus et énonçant avec précision la sphère d'action dans laquelle le blocus sera renfermé. Parfois l'on se contente d'un avis officiel. Il arrive aussi, mais c'est un procédé assez rarement employé, que le belligérant ait recours à des déclarations renfermant des énonciations minutieuses, telles que le départ de l'escadre qui doit former le blocus et le commencement des hostilités. En tout cas, on doit indiquer avec soin quels sont les ports et rades bloqués, à moins que le blocus ne s'étende à tous les ports de l'adversaire : on peut se contenter alors d'une désignation générale.

La notification spéciale doit être faite au navire neutre lorsqu'il arrive sur la ligne du blocus. S'il en était autrement, si cette notification pouvait être faite loin des ports bloqués, comme ce fut le cas en 1838, lors du blocus établi par le Chili sur les ports du Pérou, elle ne sauvegarderait plus les droits des neutres et ne leur permettrait pas de vérifier par eux-mêmes l'effectivité du blocus.

La notification spéciale, pour être efficace et valable, doit également être faite par écrit et par l'un des navires chargés de maintenir le blocus. Ces conditions, nous l'avons déjà indiqué, ont été d'abord expressément exigées par le traité entre la France et le Brésil du 21 août 1828, conclu entre ces deux puissances pour préciser une convention de commerce du 8 janvier 1826. Elles ont été reproduites, depuis, dans de nombreuses déclarations, parmi lesquelles nous citerons les instructions françaises de 1827 et de 1838, données à propos des blocus d'Alger et de la République Argentine, celles de 1859 et de 1870, les déclarations américaines de 1846 et de 1861, les ordonnances danoises de 1846 et du 16 février 1864, l'ordonnance italienne du 20 juin 1866 et les instructions données par les États-Unis l'année dernière, à propos de la guerre hispano-américaine (art. 4).

On exige généralement dans ces dispositions que la notification spéciale soit enregistrée par le visa du capitaine du navire de guerre chargé de la faire, sur les papiers de bord du navire visité, avec l'indication du jour, du lieu et de la hauteur où est faite la signification de l'existence du blocus. L'article 2 de l'ordonnance danoise de 1864 dit que, lorsqu' « on est fondé équitablement à admettre que le navire n'a pas connaissance du blocus », le commandant du blocus « est tenu dans ce cas de donner au navire neutre connaissance de l'état des choses » et qu' « après avoir consigné sur les papiers du navire, en particulier sur les documents qui servent à constater la nationalité ou sur le journal de l'équipage la mention que la formalité a été remplie, il doit relâcher le navire en l'obligeant à suivre une autre direction ». Dans la convention franco-brésilienne de 1828, on exige aussi que le capitaine du navire neutre fournisse un reçu de la signification, mais cette formalité n'est pas généralement imposée par les autres conventions et déclarations. En outre, la notification doit être inscrite par le capitaine d'un des vaisseaux de guerre qui constituent les forces bloquantes. Comme le disent nettement les instructions données par le gouvernement français à l'occasion de la guerre de 1870 (§ 12), le croiseur « se trouvant loin des limites qui ont été assignées au blocus, ne peut faire valablement cette notification (spéciale), ni arrêter le navire neutre qui se dirigerait vers le point bloqué, sauf à exercer sur ce navire une surveillance spéciale », s'il y a lieu.

Les formalités que nous venons d'énumérer ont une grande importance dans la pratique. Il nous suffira de rappeler à cet égard l'affaire de la *Joséphine* et l'arrêt du Conseil d'État intervenu à cette occasion en 1843, dont nous avons parlé dans la première partie (1).

(1) V. p. 108.

CHAPITRE II

CONDITIONS DE VALIDITÉ DU BLOCUS (*suite*) :
LIEUX SUSCEPTIBLES D'ÊTRE BLOQUÉS ; EFFECTIVITÉ.

3° La 3° condition de validité du blocus est qu'il s'applique à des lieux susceptibles d'être bloqués. Que faut il entendre par cette expression ? Et d'abord, sans distinguer si les ports sont définitivement au pouvoir de l'ennemi ou seulement en sa possession momentanée, ce que nous ferons plus loin, le blocus maritime peut il s'étendre à tous les ports de la côte ennemie (1) aussi bien aux ports de commerce qu'aux ports fortifiés ?

La solution que la grande majorité des publicistes a toujours admise est celle-ci : tous les ports, et par là il faut comprendre, non seulement les ports proprement dits, mais encore les havres, baies, rades et embouchures de fleuves ou de rivières, peuvent être mis en état de blocus, sans en excepter les ports de commerce non fortifiés. La doctrine contraire a cependant été

---

(1) Il est évidemment contraire au droit des gens que le blocus puisse être mis sur des ports neutres, même si ces ports sont enclavés dans le territoire d'un belligérant ; tout acte d'hostilité est interdit sur le territoire des puissances en dehors de la guerre.

soutenue. Nous avons vu (1) que Napoléon, dans le décret de Berlin du 21 novembre 1806, prétendait que le blocus, d'après la raison et l'usage des peuples policés, n'était applicable qu'aux places fortes et non aux ports de commerce non fortifiés, aux havres et embouchures de rivières.

Ce système, proclamé par Napoléon, avait déjà été consacré auparavant dans deux traités, conclus par la Suède et la Hollande en 1667 et 1675 (2). Il n'a été mis en pratique, depuis, que par la Sardaigne, en 1848 et en 1861, lors des blocus des ports de Trieste et de Gaëte, qui ont été déclarés bloqués, sous le prétexte que ces villes étaient des places fortes et non des ports de commerce.

Dans le cours de ce siècle, quelques publicistes ont adopté la théorie émise par Napoléon. C'est ainsi que Lucchesi-Palli, notamment (3), a soutenu que la déclaration du blocus des places non fortifiées ou non habitées par l'ennemi, ou de celles dans les eaux desquelles ne stationnait aucun navire de guerre, constituait un abus monstrueux. Selon cet auteur, l'objet du blocus étant uniquement de faire la guerre, ne doit pas comprendre l'interdiction du commerce neutre, ou des entraves apportées à ce commerce. Le même principe a été affirmé par Cobden, dans une lettre célèbre adressée

(1) P. 62.
(2) DUMONT, *op. cit.*, VII, 1re p., p. 37 et 316.
(3) *Principes du Droit public maritime*, p. 180.

par lui, en 1862, au président du tribunal de commerce de Manchester. Depuis, M. Westake (1) s'est rangé à cette opinion, en invoquant ce motif que le blocus d'un port de commerce, ayant pour unique objet d'épuiser l'ennemi, n'était pas une opération de guerre et devait être interdit pour assurer le respect de la propriété privée ennemie. Dudley Field est également de cet avis (2).

Que faut-il penser de cette théorie ? Elle est complètement à rejeter. Il n'y a pas lieu de distinguer à cet égard les blocus militaires destinés à interrompre les communications avec une forteresse ou une station importante pour la marine militaire, et les blocus commerciaux destinés à n'interrompre que les relations purement commerciales, et d'admettre uniquement le droit d'établir les premiers. Contrairement à ce que dit Lucchesi-Palli, le blocus est une opération de guerre qui a pour but d'affaiblir l'adversaire en portant atteinte à son commerce. Si on le restreint aux ports militaires ou fortifiés, il ne remplira plus son but et ne sera qu'un acte sans importance.

Interdire le blocus des ports de commerce, ce serait permettre aux puissances dépourvues de forces navales d'annihiler un blocus établi sur leurs côtes, en détruisant les fortifications qui se trouvent le long de ces côtes. C'est là une conséquence aussi absurde qu'inévi-

----

(1) *Revue de Droit international*, 1875, p. 677.
(1) Art. 891, 892.

table. D'ailleurs, le blocus, même étendu aux villes de commerce, a des conséquences moins terribles que les autres opérations de guerre, surtout maintenant avec l'emploi des torpilleurs et des sous-marins, comme nous aurons l'occasion de le voir plus tard. Si ce blocus est illégitime parce qu'il viole les droits des neutres, il faut en dire autant de tous les actes qui constituent la guerre, car tous ils lèsent plus ou moins directement les intérêts des nations étrangères aux hostilités. Il est assurément fâcheux, comme le fait remarquer avec juste raison Ortolan (1), que le commerce des neutres soit ainsi interrompu, mais ce n'est là qu'une conséquence indirecte de la guerre et il n'y a là rien de contraire ni d'attentatoire aux droits des neutres.

Le blocus doit donc s'étendre aux ports de commerce non fortifiés : c'est le seul moyen de le rendre efficace. Il en est de même des lieux non habités, mais on admet généralement que la puissance bloquante est tenue de se conformer aux servitudes et aux droits de co-propriété que des neutres peuvent avoir sur les endroits bloqués. Quant aux embouchures de fleuves et de rivières, il y a lieu de faire une distinction.

Les fleuves dont le cours se trouve tout entier sur le même État peuvent assurément être bloqués à leur embouchure par l'adversaire de cet État. Il est évident que, de même qu'on ne peut mettre un territoire neutre en

(1) *Règles...*, II, p. 300.

état de blocus, de même on ne peut bloquer l'embouchure d'un fleuve, lorsque ce fleuve traverse un pays qui ne se trouve pas engagé dans la guerre. Mais, lorsque ce fleuve a son embouchure et une partie de son cours sur le territoire d'une puissance belligérante et que l'autre partie de son cours est sous la domination d'une ou de plusieurs autres puissances non belligérantes, ou lorsque les deux rives appartiennent à deux puissances différentes, que faut-il décider?

En ce qui concerne certains de ces fleuves appelés *communs* ou *internationaux*, la question a été tranchée par des conventions conclues entre les États intéressés. L'Uruguay et le Parana ont été ainsi neutralisés et leur navigation déclarée libre, en cas de guerre entre les États limitrophes, par une convention passée, le 10 juillet 1853, entre les États-Unis, la France, l'Angleterre et la République Argentine. Pour le Rhin, une solution analogue résulte implicitement de la convention de Manheim du 17 octobre 1868. Quant au Danube, malgré le rôle important joué par ce fleuve dans les conflits européens, surtout dans la perpétuelle question d'Orient, aucun traité n'a encore formellement admis la liberté de navigation du Danube en temps de guerre. Le traité de Paris de 1856, lui-même, ne prévoit pas ce cas et l'acte public, signé à Galatz le 2 novembre 1865, se contente de déclarer libre la navigation du Danube en temps de paix et de neutraliser les travaux, établissements et personnel créés par la commission européenne.

Au traité de Berlin de 1878, la question de la neutralité du Danube, quoique soulevée par l'Autriche, a été laissée de côté par les représentants des puissances. La navigation du Congo et du Niger a été réglementée d'une manière analogue à celle du Danube, par l'Acte général signé à Berlin par les grandes puissances, le 26 février 1885.

Les fleuves internationaux qui n'ont pas été expressément neutralisés peuvent-ils être soumis au blocus? Quand toutes les embouchures d'un de ces fleuves sont situées sur un territoire neutre, mais que le fleuve, dans sa course, traverse un territoire belligérant, cette partie du cours du fleuve peut être bloquée par l'ennemi, mais un tel blocus ne saurait avoir une grande efficacité; il suffira, pour que le commerce de la puissance belligérante ne soit pas troublé, que les navires de cette puissance, ou des puissances qui trafiquent avec elle, prennent et débarquent leurs marchandises dans un port neutre voisin (1).

Si l'on envisage l'hypothèse d'un fleuve dont les embouchures sont toutes sur le territoire d'un belligérant, mais qui, par la suite, traverse, dans sa course, plusieurs territoires neutres, les embouchures de ce fleuve peuvent-elles être bloquées? A première vue, il semble que la réponse doive être affirmative. En effet, les bouches de ce fleuve international font partie du territoire

(1) De même le blocus d'un port ennemi, situé près des frontières d'un État neutre, n'aura pas d'efficacité sérieuse.

ennemi. Mais la question est plus complexe qu'elle ne le paraît. Il ne suffit pas, pour qu'on puisse bloquer une partie de territoire, que ce territoire soit sous la domination ennemie, il faut qu'il soit sous sa propriété exclusive. Les ports et les côtes appartiennent bien en propriété à une puissance, mais, pour les fleuves dits *internationaux*, il n'en est pas de même. S'il était permis de les bloquer, on pourrait ainsi entraver considérablement le commerce de nations pacifiques, sur lesquelles les funestes conséquences de la guerre ne doivent pas peser directement. Ces nations étrangères à la guerre subiraient un préjudice qu'elles ne doivent pas supporter et leur indépendance serait violée. Aussi doit-on décider que le passage des vaisseaux neutres sur un fleuve commun ne doit pas être intercepté en cas de guerre. En 1870, l'amiral français Fourichon s'est conformé à ce principe en évitant de comprendre dans le blocus des côtes du nord de l'Allemagne l'embouchure de l'Ems qui entrait dans les Pays-Bas, territoire neutre. Il n'en avait pas été de même, seize ans auparavant, durant la guerre de Crimée, lorsque les flottes de l'Angleterre et de la France étaient venues bloquer les bouches du Danube communiquant avec la mer Noire. Les embouchures du Danube ne doivent pas être mises en état de blocus. Il en est de même de celles du Congo. Le belligérant ne pourrait bloquer que les ports ennemis se trouvant le long des fleuves internationaux, en les investissant, ce qui, d'ailleurs, serait une mesure d'une faible portée.

Lorsque les deux rives d'un fleuve ou d'une rivière appartiennent à deux États différents et dont l'un seulement est engagé dans la guerre, l'autre belligérant peut évidemment, en théorie, bloquer le rivage de son ennemi, mais, en fait, ce blocus sera très rarement praticable, car, du côté opposé au rivage ennemi, le passage doit être laissé libre.

La jurisprudence américaine a admis qu'il ne pouvait y avoir blocus dans cette hypothèse dans l'affaire du *Peterhoff*. On a plusieurs fois cité le jugement célèbre rendu à cette occasion par le juge Chase (1). Le *Peterhoff* était un navire anglais qui fut pris, près des Antilles, par un vapeur des États-Unis en 1863. De ses papiers il résultait que sa destination était Matamoros, port américain situé sur le Rio-Grande, en amont de son embouchure. Cette embouchure, d'après le traité fixant les frontières des États-Unis et du Mexique, fait partie, dans la moitié de sa largeur, du territoire mexicain et, dans l'autre moitié, du territoire américain. La question était donc de savoir si l'embouchure du Rio-Grande était en fait comprise dans le blocus des côtes rebelles. Le juge Chase admit, contrairement à la doctrine anglaise, adoptée en 1805 par le juge William

____

(1) Calvo, *op. cit.*, t. v, p. 139, Fauchille, *op. cit.*, p. 181.

Scott dans l'affaire de la *Maria* (1) qu'un belligérant ne pouvait bloquer l'embouchure d'une rivière occupée sur une de ses rives par des neutres ; en conséquence, l'embouchure du Rio-Grande n'était pas soumise au blocus des ports des États du Sud et le commerce neutre avec Matamoros restait libre.

Les principes que nous venons d'énoncer à l'égard des fleuves communs s'appliquent également aux détroits, avec d'autant plus de raison que ceux-ci font partie de la mer proprement dite qui est une *res nullius*, dont la jouissance ne peut être le monopole exclusif d'aucune puissance. La règle est donc que les détroits ne peuvent être mis en état de blocus : peuvent seuls être bloqués les ports ennemis placés le long de leurs côtes. Dans un seul cas, le blocus d'un détroit peut être légitime : c'est lorsque ce détroit aboutit à une mer intérieure dont toutes les côtes sont sous la domination d'un même souverain, ce qui est assez rare. La Russie commettrait actuellement un acte contraire au droit des gens si elle bloquait les Dardanelles pour fermer complètement l'entrée de la mer Noire : il n'en serait pas de même pour l'entrée de la mer d'Azof. Le traité de San-Stefano du 3 mars 1878 a d'ailleurs décrété (art. 24) que le Bosphore et les Dardanelles resteraient

---

(1) Sir W. Scott avait soutenu dans cette affaire que le commerce de Brême, port neutre, ne pouvait se faire par le Weser par suite du blocus de l'embouchure de ce fleuve.

ouverts, en temps de guerre comme en temps de paix,
aux navires marchands des États neutres.

Quand aux canaux qui font communiquer deux mers
ensemble et qui sont ainsi des sortes de détroits arti-
ficiels, le blocus de ces grandes voies serait-il possible ?
Nous pensons qu'en principe on doit admettre la validité d'un tel blocus. Mais ces canaux rendent d'immen-
ses services à la navigation maritime et les nécessités
de la guerre forceront rarement un belligérant à user de
ce procédé. Aussi sommes-nous d'avis qu'il vaut mieux
ne pas avoir recours à cette mesure, surtout quand elle
a pour effet de supprimer complètement le commerce
de nations neutres avec d'autres nations également neutres. Pour le plus important de ces canaux, le canal de
Suez, divers projets de neutralisation ont d'abord été
élaborés, notamment en 1869, par une conférence
commerciale réunie au Caire, et, en 1877, par M. de
Lesseps, sans être mis à exécution. Deux publicistes
des plus autorisés, Sir Travers Twiss et M. Martens ont
également demandé qu'en temps de guerre le canal de
Suez fût ouvert à tous les navires neutres et fermé aux
navires de guerre des puissances belligérantes, c'est-à-
dire de l'Egypte et de l'Empire ottoman. Enfin un
traité international ayant pour but la neutralisation du
canal de Suez a été conclu à Constantinople le 29 octobre 1888 et a, dès lors, complété le régime de navigation établi par un firman du 22 février 1866.

En vertu de ce traité, le canal maritime de Suez reste

ouvert, en tout temps et sans distinction de pavillon, à tous les navires, même à ceux qui appartiennent à des nations actuellement belligérantes. Le droit de blocus ne peut jamais être décrété, et aucun acte d'hostilité, ayant pour but d'entraver la liberté de la navigation, ne peut être exercé dans le canal et ses ports d'accès, ainsi que dans un rayon de trois milles marins de ces ports, alors même que l'Empire ottoman serait l'une des puissances belligérantes.

Pour connaître quels sont les lieux sur lesquels peut s'étendre le blocus, nous avons encore à rechercher si cette opération de guerre peut être employée sur les propres ports de la nation bloquante et si elle peut comprendre tous les ports d'un littoral ennemi.

En premier lieu, une nation peut-elle bloquer ses propres ports, de guerre ou de commerce, lorsque ces ports sont occupés par l'adversaire et qu'elle n'a plus sur eux aucun pouvoir ? Nous avons vu que cette circonstance s'était présentée durant la dernière guerre franco-allemande et nous avons admis la légitimité d'un pareil procédé. En principe, un État, il est vrai, ne peut songer à mettre ses propres ports en état de blocus tant qu'il exerce sur eux la souveraineté. Mais, lorsque cette souveraineté n'est plus, en fait, exercée par lui et qu'elle est passée entre les mains de l'adversaire, cette mesure est légitime, aussi légitime même que l'investissement et le bombardement des places fortes occupées par l'ennemi. Cette opinion est celle, d'ailleurs, à laquelle se sont rangés la majorité des auteurs.

Le blocus peut-il s'étendre sur tous les ports du littoral ennemi, c'est-à-dire sur toute une étendue de côtes déterminée ? Théoriquement, il ne peut y avoir doute à cet égard. L'objet du blocus étant de faire tort à son adversaire et de le priver de ressources en interrompant ses relations commerciales, le meilleur moyen d'arriver à ce résultat est évidemment de donner à cette mesure le champ d'action le plus étendu. Il faut donc reconnaître, en principe, la légitimité du blocus d'une côte entière. C'est ce qu'ont fait, d'ailleurs, la plupart des publicistes, les traités n'ayant jamais prévu ce cas, mais ils en tirent des conséquences différentes comme nous allons le voir.

Les publicistes français admettent que tous les ports susceptibles d'être occupés par l'ennemi peuvent être soumis au blocus, de sorte que, comme le dit en particulier Hautefeuille (1) « un peuple, dont les forces navales seraient assez considérables pour entourer les côtes ennemies d'un cercle de bâtiments de guerre assez rapprochés pour que le feu de leur artillerie se croisât, pourrait, en exécutant cet investissement, soumettre au blocus tous les rivages de son adversaire ». Mais ils exigent, comme le laisse entendre, d'ailleurs, la phrase d'Hautefeuille que nous venons de citer, qu'il y ait devant les ports bloqués des navires en nombre suffisant pour que le blocus soit effectif. Le blocus de tou-

(1) *Droits et devoirs des nations neutres en temps de guerre maritime*, t. III, p. 49.

tes les côtes ennemies, pour être valable, doit être, selon eux, aussi réel que s'il ne s'appliquait qu'à un seul port.

Les publicistes anglais paraissent avoir une opinion analogue. L'étendue du blocus n'a comme limites, à leur avis, que celles des forces suffisantes pour maintenir le blocus effectif et réel. Mais que faut-il entendre par forces suffisantes ? C'est là-dessus que les auteurs anglais se séparent en général des auteurs français. Les forces suffisantes peuvent consister, d'après les premiers, en de simples croisières. Le blocus par croisières est au contraire repoussé par les seconds qui exigent pour le maintien du blocus un nombre suffisant de vaisseaux de guerre stationnant en permanence devant les ports bloqués.

Dans son ouvrage sur les Neutres (1), Gessner a une opinion différente. Il nie la validité des blocus étendus. Il y a même lieu, suivant lui, de passer sous silence la légitimité d'un blocus mis sur une côte entière, jusqu'à ce que l'expérience ait démontré la possibilité réelle d'un tel blocus. Nous pensons que cette opinion est exagérée. Il est certain qu'un blocus, pour être régulier, pourra très rarement s'étendre à toute une côte enne-mie, car il est très difficile, dans ce cas, que le blocus puisse être effectif et l'effectivité, nous ne tarderons pas à le montrer, est une condition indispensable de validité

____

(1) P. 212.

du blocus. En fait, il n'y a pas d'exemple, jusqu'à présent qu'un blocus établi sur une côte entière ait été autre chose qu'un blocus fictif, sur papier ou par croisières. Néanmoins, avec les moyens offensifs modernes, notamment la longue portée des canons et la vitesse relativement grande des navires de guerre, il ne faut pas considérer les blocus de tout un littoral comme totalement irréalisables. A ce sujet nous sommes complètement de l'avis de M. Fauchille qui déclare, dans son remarquable ouvrage sur le blocus (1), que, « si, dans l'état actuel des choses, la plus grande puissance maritime de l'univers, l'Angleterre, n'a pas assez de vaisseaux pour bloquer tout le littoral d'un grand État, elle en a suffisamment pour isoler complètement un État dont le territoire maritime serait peu étendu ».

4° Nous venons de voir que l'effectivité exigée pour le blocus était la condition qui s'opposait généralement à la validité des blocus très étendus. Cette condition d'effectivité est la plus importante de celles qui sont requises pour la légitimité du blocus. C'est celle, d'ailleurs, qui a toujours été la moins observée en pratique. Nous n'avons pas besoin de rappeler à cet égard le blocus continental ni les blocus fictifs établis de tout temps par l'Angleterre et par la plupart des autres puissances jusqu'à 1815. Il n'est pas douteux que ce soit l'absence d'effectivité qui ait rendu les blocus si préjudiciables aux intérêts des neutres, surtout au début de ce siècle.

(1) P. 165.

Pourquoi est-il nécessaire pour la validité du blocus que ce blocus soit effectif et en quoi doit consister cette effectivité ! Telles sont les questions auxquelles nous avons maintenant à répondre.

Et d'abord, si, pour établir un blocus, le belligérant se contente d'une simple déclaration sans se préoccuper de l'appuyer par des forces navales suffisantes pour fermer complètement, ou, tout au moins, pour rendre dangereuse l'entrée dans le port bloqué, il en résultera que son adversaire ne souffrira pas autant de ce blocus que les neutres eux-mêmes. Il est aisé de le faire voir. En effet, les navires du belligérant bloqué pourront sortir de ses ports sans courir beaucoup de risques et même, si la flotte du pays bloqué est supérieure à celle de son adversaire, le blocus sera pour ainsi dire non avenu à son égard et le commerce de ce pays ne subira aucune gène. Il n'en sera pas de même pour les neutres qui hésiteront beaucoup plus à faire le commerce avec les ports bloqués ; leurs navires seront aussi plus facilement confisqués et leurs pertes plus sensibles que celles du belligérant bloqué par suite de l'inutilité et de la plus grande cherté de leurs voyages commerciaux. Ces résultats se produiront avec d'autant plus de facilité que les blocus fictifs, les faits l'ont surabondamment prouvé, sont généralement beaucoup plus étendus que les blocus effectifs. Si le belligérant n'a pas besoin d'une flotte nombreuse pour exercer le blocus, il sera naturellement enclin à comprendre dans cette mesure arbitraire la plus grande étendue de côtes possible : le littoral tout entier du pays ennemi et de ses colonies pourra ainsi être déclaré bloqué.

Une autre conséquence plus grave des blocus fictifs, dont l'histoire nous fournit aussi de nombreux exemples, c'est que ces blocus entraînent presque forcément l'application du droit de prévention et du droit de suite, ces droits si exorbitants et si préjudiciables aux neutres. Tout navire neutre qui aura pour destination un port bloqué ou même qui paraîtra se diriger vers un de ces ports, pourra être saisi par un vaisseau de guerre de la puissance bloquante ; il en sera de même du navire neutre qui fera voile du port bloqué. Les bâtiments des puissances étrangères aux hostilités seront donc saisissables pendant tout le cours de leur voyage et la navigation neutre subira ainsi une lourde entrave.

Pour faire voir jusqu'à quel point le blocus fictif est illégitime, il y a lieu de faire remarquer également que ce blocus serait une mesure bien peu coûteuse à prendre pour un belligérant. Une puissance ayant des forces navales minimes pourrait ainsi déclarer la guerre à une autre puissance et bloquer ses côtes sans recourir à de grandes dépenses et dans le seul but de paralyser le commerce des neutres (1). Les sujets des pays belligé-

(1) A ce sujet on peut dire, avec HAUTEFEUILLE (*op. cit.* t. III, p. 27) : « La véritable, la seule origine du blocus fictif est la jalousie commerciale des peuples navigateurs, le désir immodéré

rants pourraient même continuer à commercer avec les ports bloqués. Il est évident qu'une mesure qui aboutit à de telles conséquences et viole aussi manifestement les droits des neutres, est contraire au droit des gens. C'est aux belligérants que doivent incomber les responsabilités de la guerre dans laquelle ils se sont engagés. Ils n'ont pas le droit de faire la loi aux neutres et ceux-ci ne doivent pas souffrir de la guerre directement. Le blocus, pour être légitime, ne doit donc léser les neutres qu'indirectement et par ricochet, pour ainsi dire.

Les blocus fictifs sont donc illégitimes, et par là il faut entendre, non seulement les blocus de *cabinet* ou *sur papier*, ainsi nommés parce qu'ils n'existent qu'en vertu d'une déclaration écrite, mais encore les blocus *per notificationem* et, en principe, les blocus *par croisières*. Le blocus *per notificationem* est celui qui, d'après William Scott, est supposé exister par ce fait seul qu'il a été notifié par le gouvernement belligérant aux gouvernements neutres. Nous l'avons déjà dit : la notification générale ne suffit pas pour qu'un blocus soit valablement établi et elle n'a pas pour effet de donner une existence juridique au blocus. Quant aux blocus par croisières, c'est-à-dire maintenus simplement par des croiseurs surveillant les côtes bloquées, ils ne sont pas

qu'ils ont toujours eu de profiter des guerres maritimes, dans lesquelles ils se trouvent engagés, pour anéantir le commerce et la navigation des peuples neutres. L'histoire nous montre cette origine... d'une manière si claire, si positive, qu'il est impossible de la méconnaître. »

suffisamment effectifs pour empêcher l'accès ou la sortie des ports en état de blocus. Ils ne restreignent pas assez la liberté des peuples neutres. Si on les admettait, on serait amené peu à peu à admettre également qu'un seul bâtiment passant et repassant de temps en temps, au large et très loin, aurait la puissance de rendre réel le blocus d'une côte très étendue (1). Nous rappelons aussi que nous avons réprouvé le blocus *par pierres*, établi par les États-Unis du Nord durant la guerre de Sécession. Un blocus de ce genre est tout à fait illégitime lorsque la ligne de pierres placée devant le port bloqué est ininterrompue, car il constitue un attentat à la liberté des neutres. Il ne peut être valable que si la ligne de pierres n'est pas sans interruption et à la condition, dans ce dernier cas, qu'il reste suffisamment effectif.

Quel est donc le degré d'effectivité exigée pour la validité du blocus ? Cette grave question a reçu de nombreuses solutions et il est difficile, d'une façon générale, d'en préciser la réponse, cette réponse variant selon les circonstances.

Nous avons vu (2) qu'à la fin du siècle dernier et au début de ce siècle, plusieurs traités avaient exigé un certain nombre de vaisseaux pour le blocus d'un port. Ce nombre cependant ne peut être toujours le même.

(1) L'Angleterre, cependant, a toujours considéré les blocus par croisières comme légitimes.
(2) P. 32 et 97.

Tantôt un seul vaisseau suffira pour bloquer un port (1), tantôt, au contraire, il faudra toute une escadre. Le nombre de bâtiments nécessaires pour le complet investissement dépend évidemment de la nature du lieu bloqué. Pour que le blocus soit réellement efficace, il faut qu'il y ait assez de navires devant le port bloqué pour en rendre l'entrée ou la sortie théoriquement impossibles. Il est évident que, pour arriver à ce but, il n'est nullement nécessaire que les vaisseaux chargés du blocus soient tout près les uns des autres, de manière à former un rempart non interrompu et infranchissable. S'il en était autrement, une flotte entière ne suffirait pas généralement pour bloquer plusieurs ports. Les navires composant l'escadre de blocus doivent être espacés entre eux, mais ils ne doivent pas être assez éloignés les uns des autres pour pouvoir laisser passer sans péril les vaisseaux qui arrivent sur la ligne d'investissement. Il faut qu'ils puissent les atteindre avec le feu de leur artillerie et, comme un navire peut canonner de tous côtés, le plus grand espace qui devra séparer les navires sera une double portée de canon, c'est-à-dire, actuellement, au moins six milles marins.

Suffit-il pour que le blocus soit complètement effectif qu'il y ait, devant la côte bloquée, un certain nombre

----

(1) C'est ce que déclare l'arrêt récent de la Cour suprême de New-York dans l'affaire de l'*Olinde Rodrigues* pour admettre l'effectivité du blocus de San Juan de Porto-Rico.

de vaisseaux stationnés. M. Fauchille (1) pense que non.
Ces vaisseaux suivant lui, ne doivent pas bouger de
place. « S'ils devaient, dit-il, quitter leur position pour
courir sus aux bâtiments qui tentent d'enfreindre le blocus
ou seulement pour les avertir de ce blocus et les visiter,
ils risqueraient souvent de ne pas les atteindre et, en
tout cas, ils ouvriraient la ligne bloquante et permettraient ainsi à d'autres navires de la franchir impuné-
ment ». Aussi M. Fauchille exige-t-il, devant la place
bloquée, d'autres navires plus nombreux que les autres,
formant ce qu'il appelle l'*escadre volante* du blocus et
chargés spécialement de poursuivre les bâtiments qui
essaient de violer le blocus, de les arrêter pour leur
notifier le blocus et les visiter. La seule fonction des
navires stationnés n'est plus alors que de canonner. Ce
sont là, comme le dit avec raison M. Dupuis (2), les conditions du blocus idéal ; il est douteux qu'on les mette
en pratique, car leur application rendrait les blocus très
difficiles. A notre avis, cette escadre volante est très
utile pour l'efficacité du blocus, mais elle n'est pas
toujours nécessaire. Lorsque la distance qui sépare les
vaisseaux en station n'est que d'une simple portée de
canon ou même d'une distance moindre, la mission de
ces vaisseaux peut être plus étendue et ne pas se borner
à l'envoi d'obus sur les bâtiments coupables d'infraction
au blocus. Dans ce cas, il n'est pas indispensable qu'il

(1) *Op. cit.,* p. 131.
(2) *Op. cit.,* § 173, p. 200.

y ait une escadre particulière destinée à avertir, surveiller et poursuivre, s'il y a lieu, les navires qui s'approchent de la ligne d'investissement. Pour remplir cet office, les vaisseaux stationnés seront forcés de se déplacer, mais en général ils n'ouvriront pas assez la ligne du blocus pour laisser à d'autres navires la faculté de la traverser sans danger.

Les navires marchands peuvent-ils être chargés de maintenir le blocus ? On n'admet plus à cet effet aucun navire de cette sorte depuis 1856. Avant 1856, les corsaires, c'est-à-dire les vaisseaux marchands munis de lettres de marque, ont été employés assez souvent pour le maintien des blocus. Cependant, des ordonnances antérieures à 1856, les ordonnances suédoises de 1814 et 1854 et l'ordonnance danoise de 1848 notamment, avaient déjà réservé aux seuls navires de guerre le droit de constituer un blocus. Par la Déclaration de Paris la course a été abolie et le blocus, en conséquence, ne peut plus être formé par des corsaires. Trois puissances seulement, parmi celles qui ont été consultées, n'ont pas adhéré à cette Déclaration. L'une d'entre elles, cependant, les États-Unis, dans sa guerre récente avec l'Espagne, a évité de recourir aux corsaires pour former le blocus de Cuba.

Si les navires de guerre sont les seuls qui puissent légitimement servir à l'établissement des blocus, peut-il en être de même des batteries de canons placées sur les côtes et des torpilles et sous-marins ? Les traités de

1742, de 1753 et de 1848, qui exigeaient pour l'effectivité des blocus la présence d'un certain nombre de vaisseaux devant les ports bloqués, considéraient les batteries côtières comme pouvant être suffisantes pour cette effectivité. Cette solution n'est cependant pas toujours admise. Néanmoins M. Fauchille (1) pense que l'usage des batteries jointes à l'escadre volante du blocus, « suffirait pleinement à constituer un investissement réel ». Hautefeuille a une opinion analogue. Selon lui, une batterie, disposée comme l'exigent les traités, soumet à la juridiction de la nation qui attaque toute la partie qui est sous le feu de son artillerie et, par conséquent, l'entrée même du port. Bluntschli (2) est du même avis.

Les torpilleurs et les sous-marins sont des moyens de guerre assez récents, dont l'emploi paraît devoir produire de graves conséquences en matière de blocus, en les rendant beaucoup plus difficiles. Nous nous réservons de revenir sur ces conséquences à la fin de cette étude.

Pour que le blocus soit effectif, il est nécessaire, mais suffisant, qu'il y ait devant le port bloqué un certain nombre de vaisseaux de guerre stationnés et assez proches pour qu'il y ait danger évident d'entrer dans le port. Cela revient à dire que la meilleure définition du

(1) *Op. cit.*, p. 133.
(2) *Droit international codifié*, art. 829.

blocus effectif est celle qui a été donnée dans la déclar a
tion de 1780 (1).

A quelle distance la flotte chargée du blocus doit elle
se trouver des ports bloqués ? C'est là un fait généralement sans importance. La puissance bloquante a, la plupart du temps, intérêt à poster l'escadre de blocus le
plus près possible des côtes bloquées. Dans certaines
circonstances, cependant, il arrive que, plus on s'éloigne
de la place investie, plus le blocus de cette place est
facile. Hall (2) dit à ce sujet : « Pourvu que l'accès du
port soit interdit en fait, la distance à laquelle les forces
bloquantes sont placées est sans importance. C'est
ainsi que Buenos-Ayres a été considéré comme effectivement bloqué, bien qu'il le fût par des vaisseaux stationnés dans le voisinage de Montevideo ; pendant la
guerre de Russie, en 1854, le blocus de Riga fut maintenu à une distance de 120 milles de la ville par
un vaisseau qui se trouvait dans le Lyser-Ort, chenal
d'une largeur de trois milles qui constitue la seule
entrée navigable du golfe (3) ». De même, si une seule
puissance, la Russie par exemple, possédait toutes les

(1) Dans le projet de M. Bulmerincq, adopté par l'Institut de
Droit international, à la session de Zurich (1877) (v. *Annuaire*,
II, p. 58-60), il est dit également que le blocus est effectif « lorsqu'il a pour résultat d'empêcher l'accès du port bloqué au moyen
d'un nombre suffisant de vaisseaux de guerre stationnés ou ne
s'écartant que momentanément de leur station ».

(2) *International Law*, p. 726.

(3) Il convient de remarquer, il est vrai, que ce blocus était
loin d'être effectif.

côtes de la mer Noire, il suffirait à la Turquie, pour mettre valablement ces côtes en état de blocus, d'envoyer quelques vaisseaux dans le Bosphore, en supprimant ainsi toutes les communications avec la Méditerranée.

Il ne suffit pas, au sujet de l'effectivité, de dire qu'un blocus existe et est valable par cela seul que, dès le début, il est effectif. Le blocus doit toujours demeurer tel pour rester obligatoire à l'égard des neutres. Cette doctrine n'est pas celle qui est suivie par la jurisprudence anglaise. Willam Scott, en particulier, nous l'avons déjà dit (1), considère qu'une notification est nécessaire pour la cessation du blocus aussi bien que pour sa formation. Il en résulte que, même lorsque le blocus est levé en fait, il est présumé continuer jusqu'à cette notification. Aussi, dans le cas où le blocus n'est plus effectif, les Anglais, pour lui assurer une certaine efficacité, l'ont-ils pourvu du droit de prévention et du droit de suite, en leur donnant pour base la notoriété du fait. Cette notoriété, présumée ou réelle, a pour conséquence, en dehors de toute notification, de produire un effet indépendant de la présence devant les places bloquées de navires formant le blocus.

Phillimore (2) a répété, après Scott, que le devoir du tribunal des prises était de supposer la continuation

(1) V. p. 154.
(2) *Commentaries upon international law*, III, p. 385.

d'un blocus notifié jusqu'à la notification officielle de la cessation. Il n'y a que le blocus de fait, pour William Scott, qui puisse disparaître, soit lorsqu'il est volontairement suspendu, soit lorsque les forces ennemies détruisent les forces bloquantes et les contraignent à interrompre le blocus. En dehors de là, en cas de tempête notamment, le blocus subsiste toujours selon Scott : « Lorsque, dit-il à cet égard, une escadre de blocus est repoussée par des accidents de temps qui ont dû naturellement entrer dans les prévisions du belligérant qui impose le blocus, il n'y a pas lieu de supposer que cette circonstance crée un changement de système, attendu qu'on ne pourrait compter sur la continuation d'aucun blocus pendant plusieurs mois sans être exposé à de telles interruptions temporaires. » Si donc les vaisseaux chargés de l'investissement ont été dispersés par un coup de vent, si même, comme il arrive souvent, les dangers que présente le voisinage des côtes pendant certaines saisons les forcent à s'éloigner durant un certain laps de temps, si le manque de vivres, le besoin de faire des réparations ou toute autre cause accidentelle, obligent l'escadre de blocus à se disperser, le blocus continue d'exister à l'égard des neutres.

Lord Russel disait aussi, dans une dépêche adressée par lui en 1863 à M. Mason, agent des Confédérés à Londres : « On ne saurait douter que le blocus ne continue de subsister légalement quand le mauvais temps seul impose à l'escadre bloquante un éloignement momentané : c'est là un accident fortuit qui n'entraîne ni la suspension ni la levée du blocus. Ce double résultat se produit, au contraire, de plein droit, lorsque la dispersion des bâtiments bloquants est causée par l'action d'une force navale supérieure ».

Hall fait varier la solution avec les circonstances : « Dans le cas, dit-il (1), où, le blocus étant effectif et connu, un vaisseau entre pendant l'absence momentanée d'un vaisseau affecté au blocus, non seulement si cette absence est due au temps, mais même si elle a pour cause la poursuite d'une prise, le blocus n'est pas levé et l'essai de profiter d'une telle absence est considéré comme une violation de blocus. D'autre part, le blocus cesse si les forces ennemies réussissent, ne fut-ce que pour peu de temps, à disperser l'escadre qui est chargée de le maintenir, ou si les vaisseaux du blocus en sont distraits pour un autre emploi ; et, si une prise est poursuivie si loin des lignes du blocus qu'un navire neutre en arrivant près du port puisse, de bonne foi, croire le blocus abandonné, celui-ci peut être considéré tout au moins comme assez altéré pour que le neutre qui essaie ainsi d'entrer soit relevé de la peine à laquelle donne naturellement lieu sa conduite ».

Sir Travers-Twiss (2) dit également que l'absence

(1) *Op. cit.*, p. 727.
(2) *Op. cit.*, p. 189.

accidentelle d'une escadre de blocus de sa marche de croisière par suite du gros temps n'a jamais été jugée comme entraînant une interruption légale d'un blocus effectif. Il cite ensuite l'opinion de sir Grant qui ne considère pas la poursuite de navires suspects comme pouvant entraîner une interruption de blocus.

Enfin, la doctrine anglaise sur la durée de l'effectivité a été encore adoptée par Wheaton, ainsi que par Bluntschli (1).

Les auteurs français admettent, au contraire, en général, que, dès que le fait du blocus cesse d'exister, le droit disparaît également. Hautefeuille et M. Fauchille, notamment, pensent que l'éloignement de l'escadre bloquante, quelles qu'en soient les causes, a toujours pour effet de supprimer l'effectivité du blocus et par conséquent le blocus lui-même. Hautefeuille (2). dit que le blocus prend fin « par l'abandon de la conquête, par la cessation de l'occupation réelle et effective de la mer territoriale qui environne le port bloqué. Il prend fin par la cessation du fait qui lui a donné naissance, par quelque cause que cette cessation arrive, sans aucune exemption. Peu importe que l'escadre de blocus soit drossée au large par les vents, qu'elle soit contrainte à s'éloigner par le besoin de vivres, de réparation ou tout autre motif de force majeure, qu'elle fuie devant des forces supérieures ou se retire volon-

(1) *Op. cit.*, art. 833.
(2) *Droits*, etc., t. III, p. 128.

tairement pour un temps. Dès qu'elle est absente, le blocus n'existe plus, les peuples neutres peuvent commercer librement avec un port dont l'entrée n'est plus fermée ».

M. Fauchille est du même avis. Il résume ainsi son opinion (1) : « Dire qu'un blocus subsiste après que l'investissement de fait a cessé par quelque accident de mer, interdire à des neutres l'entrée d'un port actuellement libre par la raison que ce port a été antérieurement investi, alors qu'il n'existe plus autour de cette place un seul croiseur qui puisse leur notifier l'existence du blocus, n'est-ce point, en vérité, revenir à la théorie funeste des blocus fictifs et porter une sérieuse atteinte au principe de la liberté des mers? Sans doute le blocus a été au début effectif et, partant, obligatoire, mais il ne s'ensuit pas qu'il doive toujours rester obligatoire, même quand il a cessé d'être effectif ». Cette opinion est également partagée par Gessner (2).

La plupart des traités de ce siècle ont consacré ce système. Les règles russes de 1869 et les instructions françaises de 1870 ont fait de même. Ces dernières disent notamment (§ 2) : « Si les forces navales françaises étaient forcées, par une circonstance quelconque, de s'éloigner du point bloqué, les navires neutres recouvreraient le droit de se rendre sur ce point. Dans ce cas, aucun croiseur français ne serait fondé à les entraver

(1) *Op. cit.*, p. 760.
(2) *Op. cit.*, p. 209.

sous prétexte de l'existence antérieure du blocus, s'il a d'ailleurs la connaissance certaine de la cessation ou de l'interruption de ce blocus. Tout blocus levé ou interrompu doit être rétabli et notifié de nouveau dans les formes prescrites. »

Les autres auteurs font une distinction, selon que l'éloignement des forces bloquantes est temporaire ou définitif. Dans ce dernier cas, par exemple si l'escadre de blocus est chassée de son poste et dispersée par une flotte ennemie, ou si elle se retire volontairement pour remplir une autre mission sans laisser dans le port bloqué un nombre suffisant de vaisseaux pour continuer les opérations du blocus, tous les publicistes reconnaissent que le blocus a pris fin. Il n'y a pas de doute à cet égard. Ce fait a évidemment pour conséquence l'anéantissement du blocus, et l'investissement rétabli par les mêmes forces navales ou d'autres de la même puissance doit être regardé comme un nouveau blocus, pour lequel toutes les conditions ordinaires de validité sont exigées. S'il en était autrement, les neutres ne pourraient de nouveau envoyer des expéditions commerciales vers les lieux précédemment bloqués et il n'y aurait pas de raison pour que leur commerce demeurât entravé pendant toute la durée de la guerre.

La jurisprudence anglaise elle-même a adopté parfois cette manière de voir, comme le montre un jugement rendu par William Scott, en 1805, dans l'affaire du *Hoffnung*, et dont nous extrayons le passage suivant :

« Lorsque l'escadre bloquante a été repoussée par des forces supérieures, il peut survenir une nouvelle série d'événements qui peuvent aboutir à une disposition très différente de forces bloquantes et faire naître une suite très variée de présomptions en faveur de la liberté ordinaire des stipulations commerciales. En pareil cas, le commerçant neutre n'est pas obligé de prévoir ou de conjecturer que le blocus sera repris. Conséquemment, si le blocus doit être renouvelé, il faut recourir de nouveau aux mesures d'usage, sans égard à l'état de fait précédent, lequel a été effectivement interrompu. »

Lorsqu'il s'agit d'un éloignement temporaire des forces bloquantes, la question est plus délicate. Certains auteurs soutiennent que cet éloignement temporaire, lorsqu'il est fortuit et involontaire, ne suffit pas pour faire lever le blocus. Le publiciste chilien Bello (1) s'exprime ainsi sur ce point : « L'absence accidentelle de l'escadre bloquante par suite de tempête ne doit point être considérée comme une interruption du blocus, de sorte que le neutre qui chercherait à profiter de la circonstance pour s'introduire dans le port bloqué se rendrait coupable d'une tentative frauduleuse. » Le publiciste italien Fiore, l'américain Kent (2), Bluntschli (3), et Brocher de la Fléchère sont du même avis. Dans le règlement international des prises adopté

(1) *Principios de derecho de gentes* (2ᵉ part. cap. 8, p. 5).
(2) *Op. cit.*, p. 366.
(3) Art. 833, 834.

par l'Institut de Droit international dans les sessions de Turin (1882), Munich 1883) et Heidelberg (1887), il est dit également (§ 31) que, si les navires bloquants s'éloignent de leur station *pour un motif autre que le mauvais temps* constaté, le blocus est considéré comme levé ; il doit alors être de nouveau déclaré et notifié (1).

Les États-Unis ont adopté depuis longtemps cette manière de voir. Ce qui le prouve notamment, ce sont les instructions adressées, en 1846, par M. Mason aux commandants des forces navales des États-Unis. Après avoir déclaré exigible pour la légitimité du blocus la présence devant la place bloquée d'une force suffisante, ces instructions ajoutaient : « La seule exception à cette règle... naît de l'absence accidentelle et temporaire de l'escadre de blocus. Ainsi, dans le cas d'une tempête, la force légale du blocus n'est pas suspendue et la loi considère la tentative de prendre avantage de cette retraite accidentelle comme une tentative frauduleuse de rompre le blocus. » Les instructions adressées en 1898 par le gouvernement des États-Unis à l'occasion de la guerre avec l'Espagne, n'admettent pas non plus que le blocus soit interrompu « si les vaisseaux chargés du blocus sont chassés par une tempète, mais qu'ils retournent aussitôt après à leurs postes » (art. 2). En 1864, la jurisprudence danoise a suivi le même système.

(1) V. *Tableau général*, p. 203.

M. Bulmerincq a proposé, en 1881, à la commission de l'Institut de droit international un autre système transitoire. Ce système consiste à faire varier la solution de la question avec le temps qu'a duré l'éloignement de la flotte du blocus par suite du mauvais temps. M. Bulmerincq distingue l'éloignement de moins de 24 heures et celui de plus de 24 heures. Dans le premier cas, le blocus ne doit pas, suivant lui, être considéré comme levé ; ce n'est que dans le second cas qu'il est censé avoir cessé de fait aussitôt l'éloignement. L'inconvénient de ce système est facile à voir. Le navire neutre qui arrivera peu de temps après la tempête, à supposer même qu'il ait eu connaissance de celle-ci, sur la ligne précédemment investie, ne saura pas s'il a ou non le droit de la franchir et sa liberté pourra ainsi ne pas être respectée.

Enfin, Ortolan (1) exprime en ces termes la théorie qu'il adopte à ce sujet : « Il est bien vrai que, si le mauvais temps a forcé l'escadre bloquante à s'éloigner momentanément et à discontinuer l'investissement, le blocus n'est pas levé définitivement, de telle sorte que, lorsque cette escadre revient prendre sa croisière, il soit nécessaire de faire une nouvelle notification, mais il est certain que cet éloignement, bien que forcé, interrompt de fait le blocus et que, si un navire neutre arrive dans l'intervalle et parvient à entrer dans le port, il peut dire qu'il n'est pas coupable, et prétexter l'ignorance

(1) *Op. cit.*, p. 344.

du blocus actuel, puisqu'il a trouvé l'entrée entièrement libre. »

Cette opinion est celle qui nous paraît la plus judicieuse. Nous pensons qu'en principe la cessation du blocus résulte de la dispersion de l'escadre chargée de le maintenir, lorsque cette dispersion provient d'une défaite infligée par les forces ennemies, d'un abandon volontaire, du manque de vivres ou du mauvais temps, mais à la condition, dans ce dernier cas, que l'absence ait été assez longue. Lorsque cette absence n'a duré que peu de temps, le blocus a bien été interrompu en fait, mais il n'a pas cessé définitivement d'exister et il n'est pas besoin, selon nous, d'en faire une nouvelle notification aux neutres ; la notification spéciale, ici comme ailleurs, est la seule indispensable. Il en est de même du cas où certains points de la ligne d'investissement se trouvent dégarnis parce que tel ou tel navire de l'escadre du blocus est à la poursuite d'un bâtiment suspect. Dans ce cas, le blocus, en principe, ne doit pas être considéré comme interrompu, à moins que l'éloignement du navire ne soit devenu trop considérable et puisse faire présumer ainsi un changement de destination. Quand le blocus prend fin, il est du devoir de la nation qui a notifié aux neutres l'établissement du blocus de leur en notifier la cessation, mais la notification générale n'est pas plus nécessaire pour la fin du blocus que pour son existence.

En résumé, un blocus n'est légitime qu'autant qu'il

est effectif, c'est-à-dire maintenu par des forces suffisantes pour rendre réellement périlleux l'accès du port bloqué. Le blocus prend naissance et disparaît avec cette effectivité.

La question de savoir si cette condition est ou non remplie dépend des circonstances. Ce n'est pas parce que quelques navires, grâce à leur rapidité, à l'obscurité de la nuit ou à un tir défectueux des vaisseaux du blocus, parviendraient à forcer ce blocus sans être capturés qu'il faut, comme l'ont fait certains auteurs, méconnaître l'existence de l'effectivité de ce blocus. Inversement ce n'est pas parce que quelques navires seulement seront rencontrés par hasard par un croiseur qui leur barrera l'entrée du port bloqué qu'il y aura lieu d'admettre la validité d'un blocus. Il faut, à notre avis, en cette matière délicate, se garder avec soin des interprétations extrêmes.

CHAPITRE III

EFFETS DU BLOCUS.

———

Nous connaissons maintenant les conditions nécessaires pour rendre le blocus obligatoire vis-à-vis des
neutres. Quelles sont les conséquences qu'entraîne un
blocus valablement établi dans les rapports des belligérants et des neutres ?

Dans les rapports des belligérants entre eux, le blocus
entraîne les mêmes conséquences que les autres opérations de guerre. En dehors d'un blocus déclaré, on a
toujours admis, jusqu'à présent, que toute propriété
ennemie pouvait être confisquée sur mer, c'est-à-dire
que les navires de commerce étaient aussi bien saisissables que les navires de guerre. L'effet du blocus à
cet égard est seulement d'entraver plus lourdement le
commerce maritime du belligérant bloqué, en fermant
complètement ses ports, et d'amener ainsi la fin de la
guerre, en affamant l'adversaire et en accélérant sa
ruine.

A l'égard des neutres, le blocus a des effets bien
plus complexes : nous allons les examiner. Le blocus

interrompt les communications que peuvent avoir les neutres avec la place investie et qui sont susceptibles, en nuisant à la puissance bloquante, de secourir le port bloqué. Ce principe n'a jamais soulevé aucune contestation, mais, sur les conséquences, les publicistes ne sont plus d'accord. Sont-ce les communications de toute nature qui vont être interrompues avec la place mise en état de blocus ? Sont-ce seulement les communications commerciales ou une partie déterminée d'entre elles ? Il y a grande controverse sur ce point.

Tout d'abord, il est bon de remarquer que les effets du blocus doivent être les mêmes à l'égard de toutes les nations neutres ; il ne doit pas y avoir de privilège accordé à telle ou telle nation ; ce qui est interdit à l'une doit l'être également à toutes les autres. Ceci n'a jamais fait de doute pour personne. Mais quelles sont les communications qui vont être interrompues par le blocus ?

Une première opinion sur ce point, et qui est intéressante à signaler à cause de son originalité, est celle de Jouffroy (1). Voici en quoi consiste le système de cet auteur, système que Gessner (2) qualifie « d'artificiel au plus haut point ».

Jouffroy distingue chez un belligérant cinq motifs de bloquer un port. En premier lieu, le belligérant peut mettre une place en état de blocus pour faciliter à une

(1) *Droit des gens maritime universel,* p. 160-165.
(2) *Op. cit.,* p. 214.

armée qui l'assiège du côté de terre les moyens de s'en emparer. Dans ce cas, tout commerce avec la ville bloquée est interdit aux neutres et même toute communication avec cette ville, car, selon Jouffroy, une place assiégée par terre et par mer doit être complètement isolée et il est important « que l'on n'y apprenne pas ce qui se passe au dehors ». Dans une seconde hypothèse, le blocus peut être établi pour empêcher qu'une flotte ennemie ne reçoive, du moins par mer, ce qu'il lui faut pour compléter son armement. L'accès du port doit, dans ce second cas, être permis aux navires neutres dont la cargaison se compose uniquement d'objets « qui ne servent pas aux armements maritimes ». Le blocus peut encore être mis devant un port afin d'y tenir renfermés une escadre de corsaires ou bien un armement quelconque et de les empêcher de mettre à la voile, ou bien pour être averti à temps de la sortie d'une flotte. Dans ces deux cas, il ne doit exercer aucune influence sur le commerce des neutres. Enfin, le blocus peut être déclaré pour troubler le commerce d'un port. Ce dernier mode de blocus ne met pas non plus d'entrave à la navigation neutre, à la condition que les peuples étrangers aux hostilités naviguent simplement pour leur compte personnel et non pour celui des négociants de la place bloquée. Ne sont par suite interdites aux neutres que les relations commerciales « qu'ils entretiennent au profit de l'ennemi bloqué ».

Cette théorie de Jouffroy, selon Gessner, est arbitraire

et impratique. Elle n'a été d'ailleurs pratiquement consacrée par aucune puissance. Le blocus est une opération de guerre qui, dit Gessner (1) « n'a dans la règle pas d'autre but que de déterminer l'ennemi à la paix en interrompant ses relations commerciales ». Par conséquent, il n'y a pas lieu, comme le fait Jouffroy, de scruter les intentions du belligérant, ce qui, d'ailleurs, serait souvent impossible en fait, pour donner telle ou telle portée au blocus.

D'autres systèmes interdisent toutes les relations de commerce ou seulement certaines sortes d'entre elles avec les ports bloqués. C'est ainsi que Vattel disait déjà : « Tout commerce est absolument défendu avec une ville assiégée ou seulement bloquée ». Phillimore déclare également (2) que les exportations, aussi bien que les importations, doivent être interceptées avec la place bloquée. Cauchy est du même avis. « La prohibition résultant d'un blocus, dit-il (3), s'applique aux marchandises comme aux denrées de toute provenance et de toute nature : c'est l'interdiction absolue de commerce avec les ports ou autres lieux investis ».

De nombreux traités ont adopté le système qui prohibe toutes relations commerciales. Mais ils s'expriment différemment à ce sujet. Les uns, et nous citerons notamment le traité d'Utrecht de 1713, celui de Nimègue

(1) *Op. cit.*, p. 215,
(2) *Commentaires...*, t. III, p. 287.
(3) *Op. cit.*, t. II, p. 196.

de 1678, ceux qui furent conclus, en 1667, par la Hollande et la Suède et, en 1670, par le Danemarck et la Grande-Bretagne, déclarent simplement que le blocus a pour effet de fermer l'entrée du port à toutes les marchandises, quelle que soit leur nationalité, dont le trafic demeurait licite avec les puissances belligérantes. Une circulaire russe de 1828 décidait également que l'entrée des Dardanelles (déclarés bloqués) serait permise à tous les bâtiments neutres chargés sur lest, mais prohibée à tous ceux qui transportaient de la contrebande de guerre ou d'autres objets de nature à approvisionner les places investies. D'autres traités, parmi lesquels beaucoup datent du XIXᵉ siècle, et qu'il serait trop long d'énumérer, défendent l'accès du port investi aux seuls bâtiments de commerce. Les navires de guerre conservent la faculté d'y entrer. Durant la guerre de Sécession américaine, notamment, il a été fait usage de cette permission. Ce système est illogique, car l'entrée dans la place investie de navires marchands sur lest ou de vaisseaux de guerre, surtout lorsque les premiers contiennent des passagers, aura pour effet de nuire à la puissance bloquante, non seulement en instruisant les habitants du port bloqué de ce qui se passe au dehors, mais aussi en leur permettant de conclure certains contrats commerciaux.

Quels sont les systèmes qui n'interdisent que certaines espèces de commerce avec les ports bloqués ? Parmi ces systèmes, celui qui accorde le moins d'efficacité au

blocus est celui qui interdit seulement l'entrée dans la
place bloquée des marchandises constituant la contrebande de guerre. Nous n'avons pas à insister sur cette
doctrine adoptée, pour le blocus de Trieste, par la Sardaigne en 1848, et qui aboutit à rendre un blocus complètement inutile, les objets de contrebande étant toujours susceptibles de confiscation et entraînant toujours
la saisie du navire qui les transporte durant la guerre.

Le système admis par Grotius (1) donne au blocus
des effets plus étendus. Grotius défend d'introduire
dans les places assiégées ou bloquées les objets qui
doivent « entraver l'exécution des projets loyaux du belligérant », c'est-à-dire, en principe, des armes, des vivres
et des munitions. Bynkershoek, en commentant Grotius,
en a fait lui-même la critique : « Si donc, dit-il, il était
loyal d'apporter aux habitants de la place bloquée ce dont
ils ont besoin, le belligérant pourrait par là être forcé
de lever le siège ou le blocus, ce qui lui porterait préjudice et, par conséquent, serait injuste. Et, attendu
qu'on ne peut pas savoir quels sont les articles dont
manquent les assiégés, les lois défendent en termes
généraux de leur apporter quoi que ce soit ; autrement, il
s'élèverait des disputes et des querelles interminables. »
L'énumération faite par Grotius est très vague et entraînerait, sur la portée qu'il faut lui donner, des discussions incessantes. Il est nécessaire de donner à l'interdiction de commerce une base moins arbitraire.

(1) *De jure belli ac pacis*, lib. III, cap. I, v, 3.

M. Siegfried Weiss interdit le commerce fait par les neutres avec les produits ennemis, mais permet le commerce des neutres avec leurs propres produits : il en résulte que les habitants du port bloqué n'achèteront pas les produits neutres s'ils leur sont inutiles, et, s'ils leur sont utiles, l'achat de ces produits sera pour eux un secours qui les empêchera de se rendre. Dans ce système, les ressources des ennemis seraient renouvelées et ils ne subiraient, du fait du blocus, que des embarras trop restreints. Ce blocus n'aurait donc pas d'efficacité sérieuse.

Il nous reste à voir le système qui interdit aux neutres toute espèce de communication avec le lieu bloqué. Ce système, qui nous semble de beaucoup le plus raisonnable, a été consacré par de nombreux traités du XIX° siècle, parmi lesquels la Déclaration de Paris de 1856 qui décidait que, par le blocus, était interdit « l'accès du port ou de la côte ennemie ». Les conventions de neutralité armée de 1780 et de 1800 renfermaient la même disposition. On trouve également cette règle dans les ordonnances suédoises de 1808 et de 1854, dans les règles russes de 1869 (§ 95), les instructions françaises du 25 juillet 1870 (n° 7), le traité entre l'Italie et les États-Unis du 26 février 1871 et la Déclaration autrichienne du 11 mai 1877. M. Massé, dans son ouvrage « *le Droit commercial dans ses rapports avec le Droit des gens et le Droit civil* (1) a adopté cette doctrine : il

(1) T. II, p. 292.

interdit toute communication avec la place bloquée,
sans qu'il y ait lieu de distinguer suivant lui les communications purement pacifiques de celles qui ont un
caractère hostile.

Ortolan(1) a une opinion analogue. Il l'exprime en
ces termes: « Si un blocus est entrepris dans le but
d'amener une place à reddition ou à composition par le
défaut de munitions ou de subsistances, les neutres
manqueraient essentiellement aux devoirs de la neutralité en introduisant dans cette place des secours qui la
mettraient à même de tenir plus longtemps. Dans ce
cas, les blocus par mer sont exactement assimilables
aux sièges en règle des places fortes qui ont lieu dans
les guerres sur terre. Mais l'intention ou la possibilité
de réduire la place par la famine ne sont pas nécessaires
pour faire un devoir aux États neutres de respecter le
blocus. Les États sont dans l'obligation de se soumettre
à la prohibition de toute communication avec le lieu
bloqué, s'il plaît à la puissance bloquante, quels que
soient ses desseins, de faire une telle prohibition, parce
que, si le blocus est réel, cette puissance est réellement
maîtresse des eaux territoriales environnantes ».

Ortolan a tort, dans la première hypothèse qu'il prévoit, d'assimiler complètement les blocus par mer aux
sièges de places fortes. Le trafic terrestre avec un port
bloqué reste licite. Comme le dit avec raison Wheaton (2),

(1) *Op. cit.*, II, p. 328.
(2) *Eléments.*, II, p. 184.

« on ne viole pas un blocus maritime en envoyant des marchandises dans le port bloqué ou en en exportant, par un canal intérieur de navigation ou par tout autre moyen de transport par terre ». En effet, « un blocus maritime, effectué par des forces qui n'opèrent que par mer, ne peut avoir d'effet sur la communication intérieure du port... Si la place n'est pas investie par terre, ses communications intérieures avec les autres ports ne peuvent être coupées ». Au contraire, lorsqu'une place est investie par terre, toute opération maritime avec elle est un acte d'hostilité, qui fait perdre à celui qui l'emploie le bénéfice de la neutralité. Ortolan, cependant, excepte un peu plus loin(1) de la défense de pénétrer dans la place bloquée les navires de guerre des neutres, sous prétexte que, le but d'un blocus étant surtout d'interdire tout commerce par mer avec le lieu bloqué, le moyen d'atteindre ce but reste entier si la prohibition d'entrer et de sortir ne s'applique qu'aux vaisseaux marchands.

M. Fauchille (2) s'est rangé à cette théorie qui prohibe aux neutres les communications de toute nature avec les ports bloqués. Il donne de son opinion les motifs suivants. L'objet que se propose un belligérant lorsqu'il bloque un port, c'est l'isolement complet de son ennemi en vue de le réduire à ses propres forces. Les neutres ne doivent entretenir, par conséquent, aucun commerce avec

(1) *Op. cit.*, II, p. 330.
(2) *Op.* cit., p. 243.

la place investie : en agissant ainsi, ils permettraient à
la résistance ennemie d'avoir une plus longue durée.
En outre, il y a d'autres moyens de secourir un belligérant. « On peut, en effet, dit M. Fauchille, le fortifier
au point de vue militaire, en lui annonçant des renforts
ou en le renseignant sur la situation matérielle et militaire de son ennemi. Un neutre qui pourrait pénétrer
dans un port bloqué et en sortir ensuite nuirait encore
au bloqueur d'une autre façon : rencontrant en mer des
vaisseaux ennemis ou pénétrant dans un port resté libre
de la nation bloquée, il donnera peut-être certaines indications utiles sur la position des assiégés. Qu'on ne
dise pas que ces faits seront trop rares pour permettre
au bloquant d'exiger des neutres l'obligation si onéreuse
de cesser toute communication avec le port bloqué, car
des indications ainsi fournies par des neutres seront
plus fréquentes qu'on ne le croit. Sans doute, les officiers d'un navire neutre ne se feront point les servi-
teurs complaisants des assiégés, mais en sera-t-il de
même des simples matelots ? Ceux-ci, d'ailleurs, une
fois débarqués dans le port bloqué, ou un port ennemi
encore libre, se mêleront aussitôt à la population de
l'endroit, ils aimeront alors à parler de ce qu'ils ont
vu et rien ne sera plus facile que d'en tirer des renseignements quelquefois fort utiles. Des neutres pourront ainsi inconsciemment causer souvent de grands
embarras à l'État bloqueur. »

Ces motifs nous paraissent péremptoires et il est

certain que, si on autorisait l'entrée ou la sortie des navires neutres dans le port bloqué, le résultat poursuivi par le belligérant bloqueur ne serait pas atteint et le blocus ne serait pas suffisamment efficace. Par conséquent, on doit fermer à tous les navires neutres l'accès d'un port bloqué, aussi bien aux navires de guerre avec ou sans passagers qu'aux navires marchands avec ou sans cargaison. Les paquebots-poste doivent subir la même interdiction, parce que la correspondance privée peut toujours fournir des renseignements précieux pour l'ennemi. Il n'en est pas de même de la correspondance diplomatique entre États neutres, mais certains signes extérieurs, comme le sceau d'un gouvernement, permettront de la reconnaître aisément et de la laisser suivre son cours. Aussi les seuls paquebots qui puissent réclamer un passage à travers les eaux bloquées sont-ils, à notre avis, ceux qui transportent exclusivement la correspondance officielle et diplomatique des États neutres avec les autorités des ports bloqués.

De même que les paquebots-poste peuvent être interceptés, les câbles sous-marins qui relient les ports bloqués avec les autres États peuvent être coupés. C'est ce que déclare, en particulier, M. Renault, dans un rapport très important présenté à l'Institut de Droit international, à la session de Bruxelles, et adopté le 5 septembre 1879. « Les neutres, dit-il (1), ne peuvent

(1) V. *Annuaire 1879-80,* I, p. 379.

communiquer avec un port bloqué. Supposons un câble partant d'un territoire neutre et aboutissant à un endroit bloqué (port ou côte). Il n'est guère contestable que le bloqueur puisse alors interrompre le câble d'atterrissage comme il pourrait intercepter un paquebot porteur de dépêches ». Néanmoins il y a lieu d'ajouter, comme l'a fait l'Institut, dans les résolutions prises sur ce point, qu' « il est à désirer, quand les communications télégraphiques doivent cesser par suite de l'état de guerre, que l'on se borne aux mesures strictement nécessaires pour empêcher l'usage du câble et qu'il soit mis fin à ces mesures ou que l'on en répare les conséquences aussitôt que le permettra la cessation des hostilités ».

Nous admettons donc que l'accès des navires neutres dans un port bloqué est, en principe, défendu. Faut-il en dire autant de la sortie des mêmes navires? Cette conclusion n'est pas ordinairement adoptée par les auteurs ni consacrée par les traités. On a presque toujours reconnu que, de même que, dans la guerre continentale, les citoyens d'une nation neutre qui se trouvent sur le territoire d'un belligérant peuvent regagner leur pays, de même, dans la guerre maritime, les navires neutres peuvent sortir librement du port bloqué, à condition de ne pas entraver les mesures prises par l'État bloqueur et de ne pas favoriser le commerce des ports en état de blocus. Mais les États et le publicistes ne sont pas d'accord sur les conséquences de ce principe et plusieurs systèmes ont été adoptés sur la plus ou moins grande liberté à laisser aux navires neutres qui veulent sortir des endroits bloqués.

Une première doctrine, qui d'ailleurs n'a été admise que par les Règles russes de 1869 (§ 17), trouve que le blocus doit laisser la sortie des navires étrangers complètement libre ; il ne doit produire d'effet que sur leur entrée. D'après cette doctrine, il est même permis aux navires neutres qui sont entrés dans le port investi après l'établissement du blocus, par violation ou autrement, de sortir de ce port. C'est donner une trop faible portée au blocus.

Un second système laisse sortir les navires neutres qui ont pénétré dans le port avant l'investissement, qu'ils aient ou non un chargement et quelle que soit l'époque du chargement. Mais la sortie du port bloqué est interdite aux vaisseaux qui sont parvenus à entrer dans ce port durant le blocus. Ce système a été adopté par plusieurs traités du xixᵉ siècle, entre autres les traités conclus pendant la première moitié de ce siècle par les États-Unis et par la France avec les puissances de l'Amérique centrale, et ceux qui ont été conclus par la Belgique avec le Chili, en 1858, et par le Danemarck avec le Vénézuela, en 1862.

Certains traités admettent un système analogue mais plus rigoureux. Tels sont ceux qui ont été passés par les États-Unis, avec le Brésil le 12 décembre 1828, avec le Chili le 16 mai 1832 et avec l'Italie le 26 février 1871 (art. 14). Ils accordent aux navires neutres la permission de sortir lorsqu'ils sont entrés avant le commencement du blocus, mais à la condition qu'ils soient sur lest ou ne transportent que des marchandises chargées antérieurement au blocus. La distinction porte donc sur l'époque du chargement et non sur sa nature ni sur sa nationalité. Il n'y a pas lieu de distinguer si l'achat de ce chargement s'est opéré avant ou après l'établissement du blocus. La question de savoir de quelle époque date le chargement est, au point de vue de la preuve à faire, une source de conflits et d'entraves pour les neutres. Comme le dit avec raison Hautefeuille (1), « les preuves de cette propriété antérieure doivent être faites par celui qui y prétend, elles doivent être positives et absolues. Et, comme aucune disposition de droit secondaire ne détermine de quelle nature doivent être ces preuves, elles sont laissées à l'appréciation de la puissance bloquante. Cette circonstance seule suffit pour annihiler complètement l'avantage prétendu accordé aux neutres, puisqu'il leur est concédé, non comme un droit, mais seulement comme une sorte de tolérance dont le bloquant peut toujours paralyser l'effet, en rejetant les preuves de propriété les mieux fondées et les plus positives, puisqu'en définitive il est maître de permettre ou de prohiber l'exercice de ce prétendu droit ». Malgré ses inconvénients Ortolan s'est rangé à ce système. « Quant au fait d'un navire qui sort d'un port bloqué,

(1) *Op. cit.*, t. III, p. 108.

dit-il, (1) la règle générale est qu'il n'y a violation qu'autant que ce navire sort avec un chargement pris sur les lieux après l'époque de la mise en état du blocus. Un neutre, entré d'avance, peut toujours sortir sur lest, ou encore avec une cargaison achetée et délivrée *bona fide* avant le commencement du blocus. »

Une quatrième doctrine donne aux navires qui sont entrés dans le port avant l'ouverture du blocus un certain délai pour en sortir, chargés ou non et sans distinguer l'époque du chargement. Après ce délai, qui comprend le dernier jour en entier, il n'est plus permis de sortir à aucun navire. Cette doctrine a été consacrée par de nombreuses lois intérieures, telles que les instructions françaises de 1838 et du 25 juillet 1870 (art. 7), les instructions américaines de 1846 et de 1898 (art. 7), les règlements danois de 1848 et de 1864 et la déclaration turque du 3 mai 1877 (2). Dans la plupart des guerres de la seconde moitié de ce siècle, on a appliqué également ce système et l'on a accordé aux navires pour la sortie des places bloquées des délais variables. Dans la guerre de Sécession, M. Seward déclara, le 2 mai 1861, que les navires neutres auraient quinze jours pour sortir des ports à partir du début du blocus, quelle que soit l'époque du chargement de leurs cargaisons. Un autre

(1) *Op. cit.*, t. ii, p. 353.
(2) Cette déclaration est la seule qui ait accordé aux neutres un délai pour *se rendre* dans le port bloqué. C'est là un procédé dont le résultat est évidemment d'atténuer beaucoup l'efficacité du blocus.

système plus rigoureux que nous allons voir bientôt fut cependant appliqué par les États-Unis pendant cette même guerre. En 1870, le délai accordé fut de dix jours Le même délai fut accordé par l'Espagne, au moment de sa guerre avec le Chili, en 1865. Ce délai avait été de quatorze jours en 1854, lors du blocus d'Arkhangel. Il ne fut, en 1877, dans la guerre turco-russe, que de cinq jours. Pendant la guerre hispano-américaine de l'année dernière, il fut, au contraire, de trente jours. Le plus long délai fut celui accordé par la France, lors du blocus de Buenos-Ayres, en 1838 : il fut de quarante-deux jours. La fixation du délai résulte, tantôt d'une simple décision de la puissance bloquante, tantôt d'un accord entre cette puissance et les neutres. Le système des délais est celui qui est le plus souvent adopté par la pratique française et la pratique italienne.

Le système le plus rigoureux est celui que les États-Unis ont paru consacrer au début de la guerre de Sécession. Le président des États-Unis, en déclarant le blocus des ports du Sud le 19 avril 1861, n'accordait, en effet, aucun délai aux neutres pour la sortie du port bloqué. Aucun navire ne devait sortir de la place investie après son investissement. Ce [système, d'ailleurs, ne tarda pas à être adouci et n'entra pas en vigueur.

Nous avons encore, pour en finir avec les doctrines qui règlementent la sortie des navires des ports bloqués, à examiner quelles sont la doctrine et la pratique anglaises à cet égard. Elles sont analogues à la pratique française, mais elles en diffèrent sur un point. Tandis que la France permet, pendant un certain temps après le commencement du blocus, la sortie des navires neutres, sans s'arrêter à la date du chargement, l'Angleterre n'autorise cette sortie que pour les navires dont la cargaison se trouvait à bord avant l'ouverture du blocus. Lord Stowell déclarait à ce sujet : « Le plus qu'on puisse concéder à un navire neutre, c'est que ayant déjà pris un chargement à son bord avant que le blocus ait commencé, il puisse être libre de se retirer en l'emportant. Mais on doit considérer comme une règle à appliquer qu'un navire neutre, lors de son départ, ne peut emporter qu'un chargement acheté de bonne foi et livré avant le commencement du blocus. S'il embarque ensuite un chargement, il commet un acte frauduleux et une violation de blocus ».

Hall dit également sur ce point (1) « Il serait certainement injuste d'enfermer le neutre inoffensif dans la même prison que le belligérant ; d'autre part, l'objet du blocus étant de supprimer tout commerce avec le port bloqué, le procédé serait annihilé dans une grande mesure si les vaisseaux qui se trouvent dans le port au moment de l'établissement du blocus, avaient la permission d'en sortir avec une cargaison prise à leur bord après son établissement ».

En présence de ces nombreux systèmes, quelle est la théorie que nous adopterons ? Dans quelle mesure la

(1) *Op. cit.*, § 262, p. 731-732.

sortie des navires d'un port bloqué doit-elle être laissée libre ? Nous pensons que la théorie la plus logique à cet égard est celle qui a été admise par la Grande-Bretagne. Pour concilier les nécessités de la guerre avec les droits des neutres, on doit, selon nous, accorder aux navires neutres un certain délai, assez court d'ailleurs, pour quitter le port bloqué, que ces navires soient sur lest ou avec une cargaison. Dans ce dernier cas, en principe, le chargement doit être antérieur au blocus ; à partir du blocus toute opération de chargement devrait être interdite. Mais la question de savoir quelle est la date exacte du chargement soulèverait de nombreuses et délicates difficultés. La fraude s'introduirait aisément dans la pratique. Les neutres n'auraient, à cet effet, qu'à antidater le connaissement pour sortir avec une cargaison prise après l'investissement. D'autre part, le belligérant bloqueur pourrait exiger la preuve de l'exactitude de la date du chargement et ne pas s'en remettre à la bonne foi des neutres. Il en résulterait que l'appréciation de la puissance bloquante ferait loi et cette puissance pourrait facilement en abuser et interdire, en fait, après l'ouverture du blocus, la sortie de tout navire neutre pourvu d'un chargement.

Ces inconvénients sont sérieux. Aussi vaut-il mieux adopter la quatrième doctrine que nous avons examinée, c'est-à-dire celle que la pratique française a consacrée. Cette doctrine, quoique moins logique, serait plus facile à appliquer et entraînerait beaucoup moins de contestations que la doctrine anglaise. Nous pensons donc qu'à partir de l'établissement du blocus un délai doit être donné aux vaisseaux neutres pour sortir du port, soit sur lest, soit avec un chargement, quelle que soit l'époque du chargement, la détermination de cette époque étant trop sujette à caution. Mais, après l'expiration de ce délai, qui doit être très court, il n'est plus permis à aucun navire de quitter le port bloqué, à moins qu'il ne serve uniquement à la correspondance diplomatique neutre, ce qui sera très rare. En effet, comme on l'a fait très judicieusement observer (1), « à partir du moment où le blocus est établi, les neutres ne peuvent plus prêter, même indirectement, aucune assistance à l'ennemi ; ce serait aider indirectement l'ennemi que de prendre encore des marchandises dont il recevrait la contre-valeur. Si le transport des objets déjà chargés est toléré, c'est pour épargner au neutre des frais de déchargement qu'il n'était pas tenu de prévoir ». L'exportation des denrées d'un pays belligérant nuirait autant à l'adversaire que l'importation des produits étrangers. M. Fauchille (2) nous paraît avoir émis une opinion trop rigoureuse, quand il déclare que les navires neutres ne peuvent pas quitter le port investi avec un chargement pris dans ce port antérieurement au blocus.

Les effets généraux du blocus, que nous venons

(1) M. Dupuis, *op. cit.*, p. 218.
(2) *Op. cit.*, p. 263.

d'étudier, ne se produisent pas seulement à l'égard des neutres. Il est évident qu'ils s'appliquent, a *fortiori*, aux navires du belligérant bloqué, ainsi qu'à ceux du belligérant bloqueur. Telle n'a pas été cependant la conduite suivie de tout temps par les nations même civilisées. C'est ainsi que l'Angleterre a violé le droit des gens en 1812, en prohibant tout commerce neutre avec les États-Unis et en permettant à ses propres navires de continuer leur commerce avec cette puissance : elle réalisait ainsi de grands bénéfices au préjudice des neutres. Il faut admettre, avec Sir Travers Twiss (1), que le blocus n'est pas effectif ni, par conséquent, obligatoire à l'égard des nations neutres, tant que la puissance bloquante laisse les navires de commerce de ses nationaux entrer et sortir librement des ports ennemis. L'ordonnance italienne du 20 juin 1866, § 9, le règlement espagnol du 26 novembre 1864, art. 9 et les instructions françaises du 25 juillet 1870, n° 5 ont résolu cette question dans le même sens. Les communications avec les ports d'une nation ne doivent pas être interdites plutôt aux neutres qu'aux belligérants : c'est un principe de justice, car le fait d'entraver le commerce neutre ne se justifie que par le droit que confère la guerre de nuire à l'ennemi.

La portée que nous avons donnée au blocus constitue, à notre avis, la plus grande portée que l'on puisse lui donner. Mais le belligérant est toujours en

(1) *Op. cit.*, t. II, n° 120.

droit de diminuer cette portée et de tempérer les effets du blocus, pourvu qu'il ne lui enlève pas ainsi toute efficacité. On trouve dans l'histoire plusieurs exemples de limitations apportées de cette façon au blocus. Ainsi, en 1840, la sortie des navires neutres du port bloqué fut permise par l'Angleterre, lorsqu'elle établit le blocus de Canton. Il en fut de même, en 1854, lorsque la France et l'Angleterre déclarèrent les bouches du Danube en état de blocus : ces deux puissances voulaient simplement empêcher l'approvisionnement des ports russes situés le long de ce fleuve. Mais il faut que les effets du blocus soient les mêmes pour toutes les puissances et que nulle d'entre elles ne reçoive un avantage spécial, destiné à la favoriser à l'exclusion des autres ; c'est une règle qu'il y a lieu d'observer strictement sous peine de violation manifeste du droit international. Cette violation aurait pour résultat de rendre le blocus non valable et non obligatoire à l'égard de toutes les puissances, neutres ou ennemies.

La portée du blocus peut encore et même doit être amoindrie dans certaines circonstances spéciales qui obligent à user d'une plus grande modération à l'égard des neutres. Ces circonstances assez nombreuses ont été énoncées avec précision, en particulier par Sir Travers Twiss, dans un passage que nous jugeons à propos de citer en entier (1).

« On a fait remarquer que les navires neutres qui

(1) *Op. cit.*, t. ii, § 113, p. 205.

sont entrés dans un port ennemi avant que ce port
ait été mis sous blocus, peuvent en sortir sur lest,
sans violer le blocus ; car leur sortie, dans ces conditions, ne peut nuire en rien à la puissance qui main-
tient le blocus, et que les navires neutres peuvent
aussi sortir d'un port bloqué sans violer le blocus, s'ils
ont été forcés d'y entrer, après l'établissement du blocus, par un gros temps ou par une autre nécessité
impérieuse (1). Les navires neutres sont, en outre,
libres de sortir sans être inquiétés, s'ils sont entrés
dans le port sous l'autorité d'une licence du gouvernement de la puissance qui a établi le blocus, car cette
licence qui permet d'entrer dans le port implique la
permission d'en sortir (2). De plus, un navire neutre
ne viole pas le blocus en réembarquant et en empor-

(1) Le Règlement des prises adopté par l'Institut de Droit
international dans les sessions de Turin (1882), Munich (1883) et
Heidelberg (1887) prévoit également ce cas dans le § 40 ainsi
conçu : « Il est permis aux navires de commerce d'entrer, pour
cause de mauvais temps, dans le port bloqué, mais seulement
après constatation, par le commandant du blocus, de la persis-
tance de la force majeure. » (Tableau général, p. 203). Dans la
séance du 23 août 1898, à la Haye, l'Institut a adopté un règlement sur le régime des navires dans les ports étrangers dont
l'article 6 consacre aussi une disposition analogue à celle que
nous venons de citer (Annuaire de 1898, p. 274).
Il y a lieu de faire rentrer dans les cas de nécessité impérieuse admis par Sir Travers Twis, ceux, notamment, où un
navire neutre est hors d'état de tenir la mer, prêt à couler par
suite d'une voie d'eau, et celui où l'équipage affamé n'a plus aucun moyen de subsistance.
(2) Tel était, en particulier, le cas de la *Jungfrau Maria
Schrœder*, jugée par W. Scott.

tant hors d'un port bloqué des marchandises qui avaient été envoyées dans le port par un commerçant neutre pour y être vendues antérieurement au blocus et qui, n'ayant pas trouvé d'acquéreurs, sont de bonne foi retirées par leur propriétaire. Il a été dit encore qu'un navire neutre peut, après le commencement du blocus, embarquer et emporter un chargement qui a été acheté à l'ennemi par un commerçant neutre pendant le blocus, s'il y a attente fondée d'une guerre immédiate entre le pays du commerçant neutre et celui auquel appartient le port bloqué et si, par conséquent, le danger de la saisie ou de la confiscation de ce chargement dans le port est imminent.

Enfin, si on laisse passer dans le port un navire neutre qui arrive à l'entrée d'un port bloqué sans savoir que le blocus existe, ce navire peut librement sortir sur lest, car il est entré dans le port en vertu d'une permission implicite qui protège entièrement sa sortie. Ou bien si un navire, dont le capitaine a mis à la voile ayant connaissance d'un blocus, obtient directement de l'escadre de blocus la permission d'entrer dans un port bloqué, ou si, ayant été informé par un croiseur de la puissance belligérante que le blocus a été levé, il pénètre sans entrave dans le port bloqué, le navire a droit de sortir librement du même port.

« Dans le cas du *Rose in bloom*, Lord Stovell a donné à entendre que, si un navire, parti sous pavillon américain d'un port de France bloqué, avait été employé

par le consul des États-Unis résidant dans ce port
uniquement à rapatrier des marins américains en
détresse, destitués de leurs emplois et retenus dans les
ports de France par l'arbitraire du pouvoir dominant
dans ce pays, ce navire aurait eu droit à être traité avec
une grande bienveillance par la puissance bloquante
dont les tribunaux de prises pouvaient raisonnable-
ment, par des motifs d'humanité, envisager ce cas comme
une exception à la règle générale ».

Tels sont les cas dans lesquels un navire neutre peut
entrer librement dans un port bloqué ou en sortir.
Cependant Bluntschli (1) signale encore le cas où des
États neutres sont autorisés à envoyer des navires de
guerre pour protéger leurs nationaux et à réclamer
dans ce but le passage à travers les eaux bloquées. Il
est bon de faire remarquer que, dans tous ces cas, lorsque le blocus est établi au moyen de torpilles destinées
à empêcher l'accès des ports bloqués, il y a certaines
règles que les neutres doivent suivre et que la Russie a
fait, notamment, appliquer en 1877, lorsqu'elle sema des
torpilles le long de ses côtes. Ces règles peuvent ainsi
se résumer : lorsque le navire neutre, autorisé à entrer
dans le port bloqué, arrive près de la ligne d'investissement, des officiers de l'escadre bloquante doivent
monter à son bord, prendre la direction de ce navire et
lui faire traverser la ligne de barrage des mines. Pour
éviter les inconvénients qui pourraient résulter de la

(1) *Op. cit.*, art. 828 bis.

divulgation des passages non minés, le capitaine du navire neutre doit s'engager, par écrit et au nom de tout l'équipage, à ce qu'aucune personne se trouvant sur le vaisseau ne regarde, pendant toute la durée du passage, la marche suivie par le navire.

Il nous reste à faire observer, à propos des effets généraux du blocus, que ces effets ne s'étendent qu'aux communications par voie de mer avec la place mise en état de blocus. Les neutres demeurent toujours libres de faire parvenir par voie de terre des marchandises à la place bloquée et même par voie de canaux, de fleuves ou de rivières. Les communications par eau, quelle que soit leur nature, lorsqu'elles se font dans l'intérieur des terres, sont toujours permises avec les ports bloqués.

Outre les effets généraux que nous venons de signaler, le blocus produit d'autres effets particuliers sur lesquels nous ne dirons que quelques mots, cette matière rentrant dans le Droit commercial maritime. Nous verrons simplement quelles sont les principales règles consacrées à ce sujet par la législation française.

En ce qui concerne l'engagement et le salaire des matelots, les articles 252 à 257 du Code de commerce fournissent les solutions des différentes hypothèses qui peuvent se réaliser en cas de blocus. Cette opération de guerre rentre, de l'avis général de tous les auteurs, dans l'interdiction de commerce prévue par ce code. Or, aux termes de l'article 253 : « S'il y a interdiction de commerce avec le lieu de la destination du navire ou si le navire est arrêté par ordre du gouvernement avant le voyage commencé, il n'est dû aux matelots que les journées employées à équiper le bâtiment ». Il n'y a donc de ce fait aucune indemnité accordée. D'après l'article 254, lorsqu'il y a interdiction de commerce pendant le voyage (ajoutons, par analogie, ou interruption du voyage par suite du blocus) les matelots engagés au mois ou au voyage sont rétribués à proportion du temps qu'ils ont servi. L'article 255 déclare que « si le voyage est prolongé, le prix des loyers des matelots engagés au voyage est augmenté en proportion de la prolongation ». Quand le capitaine viole sciemment le blocus en forçant la ligne d'investissement et que cette violation entraîne la confiscation du navire, les salaires des matelots continuent à courir (v. art. 252). Les matelots engagés ou profit et au fret ne peuvent prétendre à aucune indemnité par suite du retardement ou de la prolongation de voyage occasionnés par la force majeure dont le blocus est une application (art. 257, § 1).

Quelles sont les conséquences du blocus sur le contrat d'affrètement, par lequel un navire est loué à un marchand pour le transport de ses marchandises moyennant un prix appelé fret? La question de savoir si, en cas d'établissement de blocus avant le commencement du voyage, ce contrat doit être ou non résolu est des plus controversées. Pour les uns, il y a lieu d'appliquer

l'article 276 du Code de commerce, pour les autres,
l'article 277. Le premier de ces articles dit que l'interdiction de commerce avec le lieu de destination du navire
résout la convention, le second la laisse au contraire
subsister s'il y a une force majeure qui empêche pour
un temps la sortie du navire. Lorsque le capitaine d'un
navire n'apprend le blocus du port vers lequel il se
dirige qu'en cours de route, il doit « se rendre dans un
des ports voisins de la même puissance où il lui sera
permis d'aborder » (art. 279) ou, s'il ne peut le faire,
ramener le navire au lieu de départ (1) et, dans cette
circonstance, il ne lui est dû que le fret de l'aller (art.
299). Ces règles peuvent s'appliquer par analogie aux
conventions de transport entre les passagers et le capitaine, espèce que la loi française n'a pas règlementée.

Enfin, sur le contrat d'assurance, quels sont les effets
du blocus ? D'après la législation française, les assureurs doivent supporter toutes pertes et dommages qui
surviennent au navire assuré par le fait du blocus. Cela
résulte de l'article 350 qui, sans indiquer spécialement
le blocus, parle de « toutes les fortunes de mer » en
général, en mettant aux risques des assureurs les pertes qui en sont la conséquence. Il n'en pourrait être
autrement que si une clause formelle du contrat exceptait cette circonstance de celles qui sont à la charge
des assureurs. Mais, lorsque le capitaine d'un navire

____

(1) Jugement du Tribunal de commerce de Bordeaux du
4 juin 1847 (DALLOZ, 1847, 4, 56).

commet une violation du blocus, sa faute rentre dans les cas connus sous le nom de baraterie de patron et dont l'assureur, selon l'article 353, n'est point tenu.

La police d'assurances, généralement en usage en France depuis 1873, n'a pas adopté la même manière de voir. L'article 8 de cette police ne met pas, en effet, à la charge des assureurs, à moins de convention expresse, les risques de guerre, et le blocus constitue certainement l'un de ces risques, puisque nous avons admis qu'il devait toujours être un acte d'hostilité, une opération de guerre.

CHAPITRE IV

Lorsqu'un blocus est régulièrement établi dans les conditions que nous avons énoncées, la violation de ce blocus constitue une infraction au droit des gens et, comme telle, elle est soumise à une sanction déterminée. Mais, avant de rechercher quelle est cette sanction, il importe de connaître les actes qui constituent par eux-mêmes une violation du blocus.

Il faut d'abord remarquer que l'infraction ou la tentative d'infraction ne peuvent résulter que d'un acte matériel. Comme le dit avec raison Heffter (1), « la simple intention, sans un commencement d'exécution non équivoque sur les lieux mêmes, ne suffit pas ». Il ne peut y avoir délit punissable que si l'essai de violation du blocus constitue une opération matérielle caractérisée. Quels sont donc les actes de rupture coupables et qui méritent répression ? C'est encore une question de fait très controversée et nous verrons qu'en particulier la doctrine anglaise se sépare beaucoup à cet égard de la doctrine française.

(1) *Op. cit.*, p. 297.

Il n'y a pas de doute à avoir sur la culpabilité du bâtiment, qui, ayant reçu une notification spéciale du blocus, s'obstine à traverser quand même la ligne d'investissement. Si le navire neutre s'approche d'un port
bloqué, jette l'ancre à proximité ou se poste de manière
à pouvoir être protégé par les feux de la place, est-il
coupable? La solution de cette question dépend essentiellement des circonstances. Il est indispensable de
connaître l'intention du navire, de savoir s'il a un but
criminel, celui de pénétrer dans le port lorsque l'instant sera favorable, et il n'y a qu'un moyen à employer
pour être fixé sur ce point, c'est de faire usage de la
notification spéciale. Si, nonobstant cette notification,
le vaisseau neutre continue à demeurer stationné près
du port investi, il est à présumer que ses intentions
sont mauvaises et il y a lieu de suspecter sa bonne foi
et de surveiller de près ses agissements. Si le navire
consent, après la notification, à s'éloigner quelque peu
de la côte investie ou à entrer dans un port voisin,
c'est qu'il ignorait réellement l'existence du blocus.

Les auteurs français en général, ainsi qu'Heffter et
Gessner, exigent, pour qu'il y ait violation du blocus,
qu'il ait été fait au navire qui se présente pour entrer
dans le port bloqué une notification spéciale. Selon
Heffter(1), le navire neutre qui, après avoir reçu la notification spéciale, entre ou tente d'entrer dans un port blo-

(1) *Op. cit.,* p. 298.

qué, peut être confisqué, mais celui qui, après la notification diplomatique, se dirige d'un port neutre vers
le port bloqué, n'est pas saisissable ; il en est de même
du navire qui ne s'est pas arrêté immédiatement malgré les signaux et la semonce. « Lorsque, dit Gessner (1),
la notification spéciale que le lieu de destination est
encore bloqué aura été faite aux vaisseaux neutres par
l'officier commandant un des navires de l'escadre de
blocus et que cette notification aura été consignée sur
leur journal, alors s'ils essaient par force ou par ruse
de franchir la ligne occupée, ils se rendent coupables
de violation de blocus ».

Hautefeuille est du même avis que Gessner à cet
égard : il ajoute, contrairement à ce que pense Heffter,
qu'il y a aussi violation de blocus lorsqu'il y a tentative de pénétrer pendant la nuit ou par surprise, malgré les signaux, la semonce, etc. (2) Ortolan trouve (3)
que les questions de violation de blocus sont des questions de bonne foi : après avoir reçu la notification
individuelle, si le bâtiment persiste à vouloir entrer, il
est évident, dit Ortolan, qu'il est en état de flagrant
délit, surtout si ses papiers de bord font voir qu'il était
destiné pour le lieu bloqué, et le belligérant est par
suite en droit non seulement de l'arrêter, mais encore
de le confisquer. Enfin, M. Fauchille exige également (4),

(1) *Op. cit.*, p. 244.
(2) *Op. cit.*, III, p. 148.
(3) *Op. cit.*, II, p. 349.
(4) *Op. cit.*, p. 324.

dans tous les cas, l'avertissement spécial pour qu'il y ait violation de blocus. La doctrine française, suivie par la pratique et la jurisprudence, ne reconnaît, comme coupables de violation de blocus, parmi les navires qui sortent d'un port bloqué, que ceux qui sortent avec un chargement pris après l'investissement ou après le délai accordé à cet effet par l'État bloqueur. Le neutre, entré avant l'établissement du blocus, peut, nous l'avons déjà dit, quitter le port sur lest ou avec une cargaison prise avant l'ouverture du blocus.

A quel moment, selon le système français, le navire qui viole le blocus peut-il être saisi ? Il ne peut l'être qu'au moment même où il franchit la ligne de blocus ou essaie de la franchir et, s'il a réussi dans sa tentative, il ne peut être pris que lorsqu'il sort du port bloqué ou que s'il a été poursuivi immédiatement et rejoint, à la suite de cette poursuite, dans le port bloqué ou dans la haute mer. Cependant Ortolan (1) considère que le délit résultant d'une violation de blocus subsiste généralement pendant tout le voyage, mais, selon lui, l'offense ne suit pas le navire plus loin que le terme de son voyage de retour. « Si le navire qui a commis cette violation est capturé avant la fin de ce voyage de retour, il est considéré comme pris en flagrant délit ». Ortolan admet donc le droit de suite, comme la doctrine et la jurisprudence anglaises.

La doctrine de la Grande-Bretagne, adoptée d'ailleurs

____

(1) *Op. cit.*, II, p. 354.

par les États-Unis, est beaucoup plus rigoureuse que la doctrine française à l'égard des navires neutres, sur cette matière comme sur la plupart de celles que nous avons déjà parcourues. Pour connaître les cas de violation qu'elle admet et les conséquences qu'elle leur donne, il convient de distinguer deux sortes de violation, la violation par entrée et la violation par sortie (1).

En ce qui concerne la violation par entrée, il y a lieu de faire une nouvelle distinction, celle que nous avons vue reproduite d'abord par William Scott, et qui sépare le blocus de fait ou blocus de *facto* du blocus *per notificationem* ou blocus de *jure*.

Dans le blocus de *facto*, les vaisseaux neutres ont le droit, d'après la doctrine anglaise, de faire voile vers les lieux bloqués, le blocus ne leur ayant pas été notifié. Il leur est permis de s'approcher des ports sur lesquels le blocus est établi pour prendre des informations et s'assurer de l'existence de ce blocus ; mais, aussitôt qu'ils ont pu apprendre cette existence, il leur est prohibé de continuer leur voyage et de chercher à pénétrer dans les ports bloqués, sous peine d'être convaincus d'avoir violé le blocus et, comme tels, capturés. Les neutres ne doivent pas non plus stationner en permanence près de la ligne d'investissement, de façon à pouvoir profiter aisément des circonstances favorables pour

---

(1) Pour cette étude de la doctrine anglaise sur les cas de violation de blocus, nous avons mis fortement à contribution l'ouvrage déjà cité de M. Ch. Dupuis.

entrer dans la place bloquée. Il leur est également
interdit d'opérer le déchargement de leurs marchandises sur des allèges qui peuvent les transporter dans le
port investi. Lorsque le blocus de fait est important et
qu'il a déjà duré assez de temps pour être notoire, il a
pour conséquence de rendre l'approche du port illicite
par elle-même. Les navires neutres, étant présumés en
avoir connaissance, doivent se tenir à une certaine distance dans la haute mer et ne pas arriver près de la
ligne d'investissement sous prétexte de prendre des
informations.

Comme on le voit, le blocus de fait produit déjà, dans
le système anglais, des effets assez rigoureux, surtout
en cas de notoriété. Le blocus par notification ou de *jure*
a, néanmoins, dans ce système, des effets beaucoup
plus graves encore. La notification générale dont il est
précédé a pour résultat de créer, à l'encontre des neutres, la présomption légale qu'ils ont connaissance du
blocus. En conséquence, sont réputés coupables de
violation de blocus tous les navires neutres qui mettent
à la voile pour un lieu déclaré bloqué, après l'arrivée de
la notification au port du départ, ou qui continuent à
se diriger vers ce lieu, après avoir appris cette notification. Ils peuvent être, par suite, arrêtés et confisqués
durant tout leur voyage, à l'aller comme au retour.
Le système anglais admet donc le droit de prévention
et le droit de suite. La levée seule du blocus peut prévenir la confiscation. Si le navire change de direction

en cours de route, il faut que sa nouvelle destination soit réellement un port libre et que ce fait soit constaté. « Si, dit William Scott à ce sujet, sous le prétexte de se diriger vers un autre point, on permettait à un navire de s'approcher du port bloqué et de profiter d'une occasion favorable pour y pénétrer sans obstacle, tout blocus deviendrait matériellement impossible et inefficace. On est donc amené à présumer de plein droit l'intention d'entrer dans le port et, bien que cette induction puisse paraître rigoureuse dans certains cas particuliers où la bonne foi des capitaines semblerait devoir être à l'abri du moindre doute, il faut reconnaître qu'elle s'impose en quelque sorte d'elle-même dans les procédures de prises, si l'on ne veut pas affaiblir l'exercice des droits de la guerre ».

L'acte de se diriger vers un port qu'on sait être bloqué est donc, pour les Anglais, criminel en principe. Cependant les navires qui accomplissent de longs voyages sont généralement l'objet de faveurs spéciales. Ils sont en droit d'espérer que la situation sera changée lors de leur arrivée au port déclaré bloqué au moment de leur départ, et le fait pour eux de mettre à la voile, dans un endroit très éloigné, pour ce port, ne doit pas être considéré comme une infraction au blocus. Mais ces navires ont pour devoir de prendre des informations sur la continuation du blocus dans tous les ports où ils peuvent aborder et qui, comme le dit Phillimore (1),

(1) *Op. cit.*, t. III, n° 304, p. 498.

fournissent des occasions d'enquête sans fournir des occasions de fraude.

Selon la doctrine anglaise, il y a violation de blocus par sortie lorsque le navire neutre quitte le port bloqué après y être entré depuis le commencement du blocus et sans permission, et lorsqu'il quitte ce port avec une cargaison prise à bord depuis l'ouverture du blocus ; dans les deux cas, le navire est saisissable, non seulement au moment où il franchit la ligne d'investissement, mais pendant tout le cours de son voyage de retour, jusqu'à son port de destination. Tant que le navire n'est pas arrivé à ce port, il est passible de capture, même dans un port intermédiaire où il se voit dans la nécessité de relâcher, comme le prouve la confiscation déclarée valable du navire neutre, le *Général-Hamilton*, en 1805.

Ce navire, après avoir commis une violation de blocus, était entré en relâche forcée dans un port anglais. La défense soutenait que le navire saisi ne pouvait être considéré comme pris en flagrant délit parce que, étant arrivé dans un port anglais, il avait achevé son voyage. L'avocat du roi répliqua contre cet argument que la relâche dans un port d'Angleterre n'était pas un acte volontaire, mais une mesure de nécessité ; qu'en conséquence, elle ne pouvait être considérée comme un achèvement quelconque du voyage projeté, suffisant en droit pour exempter le navire de la peine applicable à la violation de blocus ; qu'aucun capitaine ne pouvait être laissé libre de choisir, comme port de destination, un port voisin, dans le seul but d'éviter l'application de cette peine ; que le vrai principe exigeait, pour la complète extinction de l'offense, que **le navire eût** atteint son propre port ; que la règle établie en 1630 par les **États généraux** était conforme à ce principe. Et Sir William Scott, en **prononçant le** jugement, s'exprima en ces termes : « Il est vrai que le navire a été jeté dans un port de ce royaume par un temps forcé ; mais ce port n'était pas indiqué par le capitaine comme faisant partie de sa destination première, laquelle est pour la Nouvelle-Orléans. Il est impossible de voir dans cet accident une interruption quelconque du voyage et un motif de ne pas appliquer la peine encourue ».

Le port de destination ne doit pas être fictif. Un navire neutre, le *Christianberg*, fut déclaré de bonne prise, bien qu'il eût été capturé après son arrivée dans le port de destination, dans les circonstances suivantes. Ce navire était bloqué dans le port de Rotterdam. « Il ne put en sortir, dit Sir Travers Twiss (1), que grâce à la tolérance d'une ordonnance anglaise rendue en Conseil, qui exceptait les navires à destination de ports neutres. Le *Christianberg* quitta donc Rotterdam avec un chargement dont la destination apparente était le port neutre de Smyrne, mais, dans le cours de son

____

(1) *Op. cit.*, t. II, n° 115, p. 209.

voyage, il relâcha à Alicante, en Espagne, sous le prétexte qu'il avait besoin de réparations ; là, après avoir
vendu son chargement, il en prit un autre à bord pour
s'en retourner à Copenhague. Dans ce trajet de retour,
il fut capturé par un croiseur anglais, et le navire et le
chargement furent condamnés comme de bonne prise
au bénéfice du capteur. Lord Stowell, en prononçant
son jugement dans cette affaire, fit **observer** : « Que le
navire était de fait bloqué **dans** le port de Rotterdam,
d'où il n'avait pu **sortir avec** un chargement qu'à condition de se **rendre** dans un port neutre. La permission
de se **rendre** dans un port neutre, si elle est acceptée,
implique l'engagement qu'on cherchera *bona fide* à
atteindre cette destination ; le navire profite de la tolérance et sort après avoir exprimé l'intention d'agir
conformément à l'ordre du Conseil, mais, par le fait, il
va débarquer son chargement dans un port où on ne
lui aurait pas permis d'aller si l'on eut découvert le but
réel de son voyage : c'est là, incontestablement, un
acte de perfidie. Or, je demande s'il est un autre
moyen de faire respecter l'ordonnance et de punir une
telle conduite que l'application de la pénalité au voyage
de retour. Tant que le navire n'était pas entré positivement dans un port interdit, rien ne démontrait qu'il
fût *in delicto* ou non. Les croiseurs ne voient rien,
il entre : dès lors le délit est consommé et l'intention est déclarée pour la première fois. C'est seulement quand le navire sort du port interdit que se pré-

sente une occasion de venger la loi et de mettre en vigueur la restriction imposée par l'ordonnance du Conseil ».

« Ce cas, ajoute Sir Travers Twiss, peut être regardé comme analogue, sous certains rapports, à une viola tion du blocus par sortie du port bloqué, à la suite de laquelle il n'y a pas occasion d'appliquer une pénalité tant que le navire en contravention ne se risque pas à reprendre la mer .» L'interruption ou la cessation du blocus empêchent seules le navire en fraude d'être susceptible de capture.

La doctrine mise en pratique par la Grande-Bretagne en matière de. violation de blocus a pour effet d'apporter une gêne considérable aux opérations commerciales des neutres. Elle est d'ailleurs contraire à l'équité: il est injuste de prolonger le délit de violation de blocus jusqu'au terme du voyage et d'arrêter les vaisseaux neutres dans la haute mer où les actes de répression ne doivent, en principe, être permis qu'entre nations belligérantes

Les États-Unis ont adopté la doctrine britannique depuis la guerre de Sécession, comme le prouve la conduite des cours américaines durant cette guerre et l'article 8 des instructions adressées à ses croiseurs par le gouvernement des États-Unis, lors de la guerre récente entre cette puissance et l'Espagne. Wheaton (1)

(1) *Op. cit.*, t. II, p. 184.

trouve également que l'offense encourue pour une violation de blocus dure généralement pendant tout le voyage. Les Américains admettent aussi la théorie du voyage continu, mise en pratique par l'Angleterre et dont il nous reste à parler.

Pour éviter les rigueurs du système suivi par la Grande-Bretagne, les neutres ont imaginé plusieurs moyens. Ils se sont d'abord servis de faux papiers de bord pour tromper les belligérants sur leur véritable destination, mais il est facile de découvrir la fausseté de ces papiers. Aussi les neutres ont-ils recouru à un autre procédé plus efficace. Ils ont, dans l'intention d'aller vers le port bloqué, divisé en deux parties leur voyage en s'arrêtant dans un port neutre à proximité de celui en état de blocus pour en repartir aussitôt dans la direction de ce port. La théorie du voyage continu, formulée d'abord par William Scott qui la faisait dériver de la fameuse règle de 1756 (1), a été appliquée dans le but d'étendre le droit de prévention et d'éluder les fraudes des neutres. Elle considère comme un seul et même voyage le voyage divisé en deux actes pour déjouer la surveillance des croiseurs belligérants. S'agit-il d'une traversée dont le but véritable est un port bloqué, la violation de blocus commence dès le départ pour le port intermédiaire qui n'est pour ainsi dire qu'une relâche fictive. Les Anglais en arrivent

(1) V. p. 34.

même à dire que, quand il y a lieu de présumer que
la destination réelle du chargement est un port bloqué,
la saisie du navire est valable.

Les Américains ont étendu cette théorie au chargement durant la guerre de Sécession. C'est ce qui
résulte de la décision rendue dans l'affaire célèbre du
Springbok que nous avons déjà signalée (2). Nous
allons revenir sur cette décision et sur les faits qui
l'ont précédée et suivie.

Le Springbok était, nous l'avons dit, un navire anglais
qui, parti de Londres le 9 décembre 1862, pour se
rendre au port de Nassau, situé dans la colonie anglaise
de New-Providence, avait été pris par un corsaire
américain en février 1863, et déclaré de bonne prise,
avec sa cargaison, par la cour de district de New-York,
présidée par le juge Betts. Au moment de la capture,
le vaisseau se trouvait sur la route directe de Nassau
et il était encore éloigné de cette ville d'une distance
d'environ 150 lieues marines. Le jugement de la Cour
de New-York du 1er août 1863, qui valide la saisie,
motive sa condamnation sur ces faits que le navire
était chargé en partie de contrebande de guerre, que
sa destination réelle n'était pas le port neutre de Nassau,
mais un port quelconque régulièrement bloqué par les
forces des États-Unis. « Il y avait, dit-il, intention
de rompre le blocus. En outre les papiers de bord

(2) V. p. 125.

étaient falsifiés ». Les propriétaires intéressés inter-
jetèrent appel, quelque temps après, devant la Cour
suprême de Washington. L'arrêt de cette cour reconnut
que les papiers de bord étaient en règle et que les
propriétaires du navire n'avaient pas eu connaissance
de sa destination irrégulière. Il annulait, en conséquence, le jugement en ce qui concernait le navire,
tout en condamnant le propriétaire aux frais, mais
confirmait la confiscation de la cargaison, sous prétexte
que les propriétaires de cette dernière avaient l'intention, une fois à Nassau, de la transférer dans un vaisseau mieux en état que le *Springbok*, et d'essayer de
violer le blocus. Le voyage de Londres au port bloqué
devait donc légalement, selon la Cour, être considéré
comme un seul et même voyage.

La Cour de Washington admettait donc ce que l'on
a appelé la théorie de la *continuité du voyage*. Les
propriétaires de la cargaison du *Springbok*, étant ainsi
déboutés de leur demande, s'adressèrent au gouvernement anglais pour solliciter son intervention et obtenir
la délivrance de leurs marchandises ou une indemnité.
Le Foreign office demanda l'avis des juristes de la cou-
ronne. Ceux-ci, parmi lesquels se trouvait Phillimore,
conclurent qu'aucune preuve n'avait été apportée de
ce fait que la destination finale du navire n'était pas
Nassau et, par suite, que rien ne justifiait la saisie du
Springbok et que le gouvernement britannique était
en droit de demander la restitution immédiate du

navire et de sa cargaison. Malgré cet avis, l'Angleterre n'intervint pas diplomatiquement. Ce fut seulement en 1871 qu'une commission de deux arbitres, désignés par les gouvernements anglais et américain, se réunit à Washington pour statuer sur les actes « commis de 1861 à 1865, sur la personne ou les biens des sujets de Sa Majesté britannique ».

En 1873, cette commission s'occupa du cas du *Springbok* et repoussa la réclamation des propriétaires de la cargaison, en accordant aux propriétaires du navire une indemnité de plus de 5,000 livres sterling. Les motifs de cette décision ne furent pas énoncés, mais il est probable que le gouvernement anglais a voulu créer un précédent pour agir de même dans des cas analogues, et a consenti, pour cette raison, à sacrifier les intérêts de ses sujets. Quoi qu'il en soit, il résultait de la doctrine anglo-américaine, adoptée à cette occasion, qu'il y avait rupture de blocus punissable, par cela seul qu'il y avait intention de conduire une cargaison à un port bloqué quelconque, sans que l'on pût préciser quel était ce port. L'Angleterre et les États-Unis n'exigeaient pas de rupture effective, ni, par suite, de blocus réel, et ils violaient ainsi manifestement la Déclaration de Paris que la première de ces puissances avait signée et à laquelle l'autre avait déclaré conformer sa manière d'agir.

Cette pratique anglo-américaine pouvait avoir des conséquences redoutables en cas de guerre maritime.

La théorie de la continuité du voyage, soutenue par les États-Unis, anéantirait complètement la liberté des mers, en portant la plus grave atteinte à la liberté commerciale des neutres. Comme le fait observer M. Fauchille (1), il suffirait qu'il y eût dans le monde un certain port bloqué pour que tout le commerce fût rendu impossible aux peuples neutres. Aussi la plupart des publicistes se sont-ils élevés contre la sentence de la Cour suprême américaine dans l'affaire du *Springbok*. En avril 1882, une commission de l'Institut de Droit international, composée de jurisconsultes éminents appartenant à des nationalités différentes, a, dans une délibération remarquable, rejeté par de solides arguments la thèse américaine. Les conséquences en seraient inadmissibles, proclama cette commission. Il en résulterait, quant au blocus, que tout port neutre, auquel aurait été expédié un chargement neutre à bord d'un navire neutre, deviendrait un port *bloqué par interprétation*, dès qu'il y aurait des motifs de soupçonner que le chargement, après son débarquement en port neutre pourrait être ultérieurement chargé sur un autre bâtiment et expédié vers un port réellement bloqué.

Le système des États-Unis a même été répudié par Sir Travers Twiss. Cet auteur, dans un ouvrage rédigé à propos du *Springbok* (2), estime que le chargement

(1) *Op. cit.*, p. 339.
(2) *La théorie de la continuité du voyage appliquée à la contrebande de guerre et aux blocus.*

peut être condamné pour infraction au blocus en cas
de transbordement, mais à la condition qu'il n'y ait
pas seulement simple soupçon, mais preuve certaine
de fraude. La condamnation du *Springbok* était, selon
lui, contraire au droit des gens. Il indique avec soin
les conséquences dangereuses qui découleraient de la
jurisprudence américaine adoptée à cette occasion, si
cette jurisprudence devenait générale. Il cite, notamment, l'exemple suivant :

S'il survenait une guerre entre la France et la Russie
et que la France mît le blocus sur les ports russes de
la Baltique, un chargement d'un caractère absolument
innocent, tel que du sucre et du café, embarqué dans
un port américain à bord d'un navire anglais, à destination directe de Londres, serait passible de saisie à
mi-chemin de l'Atlantique par un croiseur français, sur
le simple soupçon que le chargement, à son arrivée à
Londres, doit être vendu à un négociant russe et ensuite
transporté par mer dans quelque port bloqué de la
Baltique, parce qu'il est de notoriété que c'est par le
commerce de ces parages que se fait en temps de paix
l'approvisionnement de la Russie en sucre et en
café (1). Il convient d'ajouter que, si l'on adoptait cette

(1) L'auteur anglais, Laurence, dit également au sujet de la
théorie américaine *(The principles of international law,* n° 276,
p. 597) : « Tout ce qui pourrait être à la rigueur accordé, c'est
que, si les capteurs ont la preuve claire et définie que la destination de la cargaison est hostile tandis que celle du vaisseau est
neutre, les cours pourraient distinguer entre les deux, condamner la première et relâcher le second ».

théorie, le commerce des neutres serait entravé même entre les ports de leur propre pays, si quelques-uns d'entre eux se trouvent placés à proximité du pays belligérant dont les ports sont bloqués.

La théorie de la continuité du voyage, même réduite à celle que professent la jurisprudence et les publicistes anglais, Sir Travers Twiss en particulier, est inadmissible. Le droit de prévention et le droit de suite sont iniques. Tant qu'il n'y a pas eu un commencement d'exécution, tentative matérielle de rupture du blocus, il n'y a pas de délit punissable. La seule intention coupable ne peut être punie, car elle est trop difficile à prouver. On ne peut guère la faire reposer que sur une fiction et la fiction ne suffit pas pour établir le droit. En outre, quand le navire coupable est sorti du port bloqué et qu'il a gagné la haute mer, il ne doit plus être punissable, car la violation, étant un acte matériel, ne doit être punie qu'au moment de son accomplissement. La doctrine anglaise sur la violation du blocus, suivie de tout temps par la Grande-Bretagne, n'a été développée par elle que pour légitimer les blocus fictifs, restreindre ainsi la liberté commerciale des puissances neutres et assurer la domination maritime de l'Angleterre.

La Prusse et le Danemarck, sans se rallier à la doctrine anglaise, ont adopté un système plus rigoureux que le système français. Ils sont d'avis qu'il y a violation de blocus de la part d'un navire neutre lorsque ce navire a dû, en cours de route, apprendre le blocus d'un port et qu'il cherche à pénétrer dans ce port. La pratique de l'Italie et de la Suède est au contraire conforme à celle de la France en cette matière. C'est le système préconisé par ces dernières nations qui est le plus rationnel et celui qui respecte le mieux les droits des neutres.

Il n'y a, en résumé, violation du blocus de la part d'un navire neutre que lorsque ce navire essaie de pénétrer pour une seconde fois dans le port bloqué, après avoir reçu, une première fois, un avertissement spécial de l'existence du blocus, ou lorsqu'il profite de circonstances favorables pour entrer dans le port bloqué ou en sortir, sans tenir compte des signaux et de la semonce. Il y a également violation de blocus lorsque le navire sort de la place bloquée avec un chargement pris depuis le commencement du blocus ou après le délai accordé à cet effet (1). Le navire coupable de violation du blocus ne peut être puni qu'au moment où il arrive sur la ligne d'investissement, à l'entrée ou à la sortie du port, ou dans le port bloqué; en dehors de là, il n'est saisissable,

______

(1) M. Fauchille, *(Op. cit.,* p. 345*)* recherche quels sont les principes qui, sur ce point, peuvent s'appliquer aux aérostats. Il trouve, avec raison, que les ballons violent le blocus lorsque, venant du port bloqué, ils traversent la ligne d'investissement, car cette sortie a pour but de favoriser le belligérant bloqué, tandis que les ballons qui viennent de la haute mer ne doivent être considérés comme des infracteurs au blocus que s'il n'y a aucun doute sur leurs intentions, le vent ayant pu les pousser malgré eux vers les rivages soumis au blocus.

en pleine mer, que s'il y est rejoint, avant son arrivée
dans le port ou les eaux soumises à la juridiction d'un
État neutre, par un croiseur de l'escadre bloquante qui
a commencé à le poursuivre dès son passage à travers
la ligne du blocus. Il paraît y avoir ici analogie avec
le flagrant délit en matière criminelle, mais il faut
remarquer que, même en droit pénal, le flagrant délit
n'est pas seul punissable, tandis qu'ici l'exigence d'une
situation analogue au flagrant délit constitue la seule
garantie sérieuse apportée aux droits des neutres et le
seul moyen d'exiger des blocus effectifs. Si l'on consi-
dérait le délit comme existant durant tout le voyage,
on ouvrirait complètement la porte aux blocus fictifs et
à toutes les conséquences fâcheuses qui en sont la
suite. Enfin, les capitaines des navires qui enfreignent
le blocus ne peuvent alléguer pour excuse que la nécessité dûment constatée résultant du manque de provisions, du besoin de réparations ou du mauvais temps.
Bluntschli dit à ce sujet (1) : « On ne peut refuser aux
navires neutres en détresse le droit de se réfugier dans
les ports bloqués. » L'ignorance de la côte, la perte de
la boussole, l'ivresse du capitaine ne peuvent être considérées comme des excuses suffisantes : ce serait accorder une arme trop propice à la fraude.

Quels sont les effets qui découlent de la violation
du blocus? Quelles peines doivent encourir l'équipage

____

(1) *Op. cit.*, art. 838.

et la cargaison du navire coupable? Ce navire doit être saisi et envoyé dans un port voisin après inventaire de ses papiers de bord, mais ce sont là des mesures de précaution plutôt que de répression.

En premier lieu, en ce qui concerne l'équipage, peut-il lui être infligé des pénalités par les autorités de son pays et par celles du pays capteur? Ce sont ces dernières uniquement qui doivent nous intéresser comme étant les seules de droit international.

Nous avons vu, au début de cette étude, que, dans l'antiquité, les belligérants ne se faisaient pas faute de soumettre les personnes de l'équipage composant le navire qui violait le blocus aux traitements les plus rigoureux et même parfois à la mort. C'est ce que fit notamment, d'après Plutarque, Démétrius Poliorcète, lors du blocus d'Athènes. Bynhershoek déclare que cette manière d'agir a duré jusqu'à l'époque moderne et il signale plusieurs traités du xviiᵉ siècle qui contiennent des dispositions à cet égard. Vattel voyait dans cette répression la conséquence logique de la faculté qu'ont les combattants de traiter comme des ennemis ceux qui portent obstacle au libre exercice de leurs opérations militaires. On n'admet plus en général, maintenant, que l'équipage du navire coupable d'infraction au blocus soit passible de peines corporelles.

Cependant, pendant la guerre de Sécession, des navires anglais capturés pour une prétendue violation

du blocus eurent, d'après lord Lyons, leurs équipages
mis aux fers ou soumis à d'autres rigueurs. Dans cette
même guerre, on vit employer une mesure moins rigoureuse, mais dont l'usage est ordinairement
réprouvée. En décembre 1861, pendant le blocus des
États Confédérés du Sud, des marins anglais qui se
trouvaient à bord de l'*Adeline*, navire convaincu
d'avoir enfreint le blocus, furent déclarés prisonniers
et forcés de prêter serment de ne plus se livrer aux
mêmes tentatives. A ce propos, M. Seward, secrétaire
d'État des États-Unis, fit entendre de vives protestations et déclara que s'il était permis de retenir ces
matelots comme témoins, il était souverainement
injuste d'en faire des prisonniers de guerre. Pour éviter
le retour de procédés analogues, le secrétaire de la
marine des États-Unis, Gédéon Welles, fit parvenir
quelque temps après au contre-amiral Farragut, commandant l'escadre de blocus, des instructions remarquables concernant le traitement des personnes trouvées sur les navires saisis pour infraction au blocus
et qu'il nous paraît intéressant de citer *in extenso* :

« 1° Les sujets étrangers de bonne foi, pris sur les
navires neutres, comme passagers, officiers ou faisant
partie de l'équipage, ne peuvent être traités comme
des prisonniers de guerre, à moins qu'ils ne soient
coupables d'actes de belligérants, mais ils ont droit à
leur mise immédiate en liberté. Ceux qui seront requis
comme témoins pourront être retenus dans ce but,

mais, dès qu'ils auront fait leur déposition, ils devront être relâchés sans condition.

» 2° Les sujets étrangers, pris sur des navires sans papiers ou sans pavillon, ou ceux naviguant sous la protection et le pavillon du gouvernement insurgé, ou employés au service de ce gouvernement, sont assujettis à être traités comme prisonniers de guerre, et si ce sont des officiers ou des hommes d'équipage, à être retenus ; s'ils ne sont que passagers et n'ont aucun intérêt dans le navire et le chargement et ne se rattachent en rien au gouvernement insurgé, ils pourront être relâchés.

» 3° Les citoyens des États-Unis pris sur des navires neutres ou rebelles doivent toujours être retenus, sauf les exceptions suivantes : s'ils ne sont que passagers, n'ont point d'intérêt dans le navire ou le chargement, n'ont pas pris une part active à la rébellion, ou n'ont pas été occupés à fournir aux insurgés des munitions de guerre, etc., et ont une conduite loyale, ils peuvent être mis en liberté en prêtant serment d'allégeance. Le même privilège peut être accordé à ceux des hommes d'équipage qui ne sont pas des matelots, ont des antécédents analogues ou ont une conduite loyale.

» 4° Les pilotes et les matelots, excepté les sujets étrangers de bonne foi, pris sur des navires neutres, doivent toujours être retenus. Ce sont les instruments principaux du maintien systématique de la violation du blocus et il est important de les retenir. Les personnes occupées habituellement à violer le blocus, quoiqu'elles ne servent pas à bord des navires, rentrent dans cette catégorie et doivent être également retenues.

» 5° Quand il y a raison de douter que ceux qui se prétendent sujets étrangers le soient réellement, on devra exiger qu'ils déclarent sous serment qu'ils n'ont jamais été naturalisés dans notre pays, qu'ils n'ont jamais exercé les privilèges de citoyens en votant ou autrement, et qu'ils n'ont jamais été payés ou employés par le gouvernement insurgé ou soi-disant « confédéré » ; sur cette déclaration ils pourront être relâchés, pourvu que vous n'ayez pas la preuve qu'ils aient fait un faux serment. L'examen dans le cas où ils seraient douteux doit être rigoureux.

» 6° Lorsque la neutralité d'un navire est douteuse ou lorsqu'un navire qui prétend être neutre est cru employé à transporter des vivres et des munitions de guerre pour le gouvernement insurgé, les sujets pris à bord de ces navires pourront être retenus jusqu'à ce que la neutralité du navire ait été établie d'une façon satisfaisante. Il n'est pas prudent de retenir ces personnes en vertu des instructions qui précèdent sans qu'on soit bien fondé à douter de la neutralité du navire.

» 7° Les personnes qui pourront être retenues en vertu des instructions qui précèdent doivent être envoyées dans un port du Nord pour y être tenues sous bonne garde, à moins qu'il n'y ait un endroit convenable pour les garder dans les limites de votre commandement. Un mémoire dans chaque cas doit être remis au département. »

Au début de ce siècle, Kluber disait encore (1) : « La puissance qui tient le blocus peut user de force et se faire droit envers les neutres qui, contre sa déclaration expresse, ont sciemment fait ou tâché de faire le commerce avec le lieu bloqué. Ordinairement, on se contente de la confiscation du navire et de la cargaison, mais quelquefois ceux qui ont enfreint les droits du blocus sont aussi punis personnellement. » Depuis, M. G. F. de Martens est le seul publiciste qui ait admis le droit pour un État d'infliger un châtiment physique aux violateurs du blocus établi par lui. Il trouve (2) que le droit des gens positif, ainsi que la loi naturelle, autorisent la puissance belligérante à défendre tout commerce avec la place qu'elle tient bloquée et à punir même de peines corporelles ceux qui s'aviseraient de contrevenir de propos délibéré à cette défense.

Si l'équipage ne doit pas subir de châtiments corporels, peut-il être retenu comme prisonnier de guerre ? La plupart des auteurs pensent que l'on ne doit traiter comme tels que les sujets ennemis qui se trouvent à bord du navire coupable et que l'on doit laisser libres,

(1) *Droit des gens moderne de l'Europe,* p. 298.
(2) *Précis du droit des gens moderne de l'Europe,* t. ii, p. 320.

en principe, les sujets des puissances neutres ou amies.
De nombreux règlements ont statué dans le même
sens sur cette question. Nous citerons notamment la
déclaration danoise du 16 février 1864 (art 19), le règlement prussien du 20 juin 1864 (§ 18), l'ordonnance autrichienne du 3 mars 1864 (§ 15) et les instructions françaises du 25 juillet 1870 (n° 19).

M. Fauchille, cependant (1), n'est pas de cet avis. Il
invoque, à l'appui de son opinion, les motifs suivants :
D'abord, en violant un blocus régulier, le neutre aide
en réalité le bloqué au détriment du bloqueur. Il prend
ainsi part à la guerre et doit perdre le bénéfice de la
neutralité. L'État bloqueur a donc parfaitement le droit
de le punir. Même en admettant que dans ce cas il n'ait
pas ce droit, on arrive au même résultat, selon M. Fauchille. En effet, le blocus a pour conséquence d'empêcher toute espèce de communication : les marins d'un
navire neutre peuvent apporter des secours à la place
investie et nuire ainsi au bloqueur. On doit donc les
empêcher d'y pénétrer et le seul moyen d'arriver à ce
but c'est de les considérer comme des prisonniers de
guerre.

Nous pensons, contrairement à M. Fauchille et conformément à l'usage généralement établi maintenant,
que l'équipage neutre ne doit pas être traité comme
prisonnier de guerre. La confiscation du navire et de
la cargaison suffit à donner au blocus une sanction

(1) *Op. cit.*, p. 374-378.

efficace. Les passagers ne doivent pas être responsables personnellement de la conduite du capitaine et l'on doit les laisser libres, à moins qu'il n'aient pris une part active aux hostilités. Le capitaine et les matelots doivent, au contraire, être retenus comme témoins : ce sont ceux, d'ailleurs, qui auraient le plus intérêt, si on les maintenait en liberté, à donner des renseignements utiles aux populations des ports bloqués. Les passagers ne doivent être retenus que si leur témoignage présente une utilité sérieuse.

Nous avons encore à voir, pour terminer, les effets de la violation du blocus sur le navire et la cargaison. Les auteurs et les traités s'accordent, en général, à reconnaître que le navire doit être confisqué, mais, sur la question de savoir quel doit être le sort de la cargaison, il y a grande controverse. Le système qui nous paraît le plus rationnel et auquel, d'ailleurs, se sont rangés la majorité des publicistes et la majorité des traités est celui qui admet en principe comme confisquables le navire avec son chargement.

L'important édit hollandais du 26 juin 1630 déclarait déjà que le vaisseau et les marchandises qu'il transportait devaient être confisqués. Mais un décret du même gouvernement, rendu en 1645, n'ordonna plus que la confiscation de la contrebande de guerre. Il en fut de même de la plupart des traités de la fin du xviiᵉ siècle et du xviiiᵉ. Tous les traités et conventions du xixᵉ siècle ont, au contraire, en cas de violation du

blocus, soumis à la confiscation le navire et la cargaison.

Les règlements et lois intérieures renferment des
dispositions analogues : il y a lieu de citer, notamment,
à ce sujet, l'ordonnance suédoise du 12 avril 1868, le
règlement danois du 16 février 1864, le règlement prussien du 20 juin 1864, le décret espagnol du 26 novembre
de la même année, le code italien de 1865 et l'ordonnance autrichienne du 9 juillet 1866.

Un certain nombre de publicistes ont adopté cette
théorie. Au moyen âge, Grotius faisait sur ce point
une distinction d'après l'étendue du dommage : « Si,
dit-il (1), je tenais... des ports fermés et si déjà la reddition ou la paix était attendue, celui qui transporte
des choses et empêche ainsi la poursuite de mon droit
sera tenu envers moi à raison du dommage causé par
sa faute ; les objets lui appartenant pourront être pris
dans la mesure du dommage causé et la propriété en
pourra être acquise pour le recouvrement de ce qui
m'est dû. — S'il ne m'a causé aucun dommage, mais
qu'il ait voulu m'en causer, j'aurai le droit de le contraindre, par la retenue des choses qui lui appartiennent, à me donner des sûretés pour l'avenir... » Il
ajoutait qu'en cas de résistance évidemment injuste de
l'ennemi, les secours apportés par un tiers entraînaient
contre lui des peines non seulement civiles mais encore
criminelles.

(1) *Op. cit.*, lib. III, cap. I, § 5, n° 3.

Beaucoup de publicistes français reconnaissent comme légitime, en cas de violation de blocus, la confiscation de la cargaison du navire coupable. Pour MM. Pistoye et Duverdy (1), il n'y a pas de doute sur ce point. Hautefeuille est du même avis. Selon lui, la cargaison entière doit être confisquée, quels que soient sa nature et son propriétaire. « Cette loi, dit-il (2), est légalement rendue et doit recevoir son exécution dans tous les cas où il y a réellement violation du blocus ». M. Martens (3), Massé (4), Bulmerincq (5), Morin (6) et M. Fauchille (7), se sont ralliés à cette théorie. Dans les rares circonstances où ils ne trouvent pas nécessaire la confiscation du chargement, ils considèrent comme indispensables des preuves tout à fait irrécusables de la bonne foi ou de l'innocence du propriétaire des marchandises.

Les publicistes anglais, conformément à la jurisprudence de leur pays, ne posent pas en principe la validité, dans tous les cas de violation de blocus, de la confiscation du chargement. Leur opinion paraît moins rigoureuse, mais elle aboutit presque aux mêmes conséquences que celles que nous venons de voir. Il

(1) *Op. cit.*, I, p. 375.
(2) *Op. cit.*, t. III, p. 150,
(3) *Op. cit.*, II, § 320.
(4) *Op. cit.*, p. 259.
(5) *Projet de règlement international des prises maritimes,* § 127.
(6) *Lois de la guerre,* p. 124.
(7) *Op. cit.*, p. 375.

est aisé de le constater en examinant cette doctrine telle qu'elle a été résumée par Sir Travers Twiss (1).

Cet auteur dit qu'en règle générale le navire et le chargement sont tous deux confiscables pour infraction au blocus, parce que cette infraction est présumée favoriser aussi bien le chargement que le navire. C'est là une présomption de droit, *juris et de jure*, qui, à moins qu'elle ne soit repoussée par des papiers trouvés à bord du navire au moment de sa capture, exclut toute preuve contraire. Sir Travers Twiss envisage ensuite les différents cas qui peuvent se présenter.

En premier lieu, dans le cas où le navire et la cargaison ont les mêmes propriétaires, « il ne peut y avoir évidemment aucune difficulté : l'acte du capitaine, en tant qu'agent légitime de l'armateur du navire, affecte la responsabilité de son commettant jusqu'à concurrence de la totalité de sa propriété en jeu dans l'affaire. Par contre, lorsque le navire et le chargement ont des propriétaires différents, la conclusion rationnelle est que le capitaine du navire ne compromet les intérêts de son bâtiment qu'à l'égard du service de chargement. Il est aussi, en pareil cas, à présumer nécessairement que le capitaine agit à la connaissance et à l'instigation du propriétaire du chargement, mais il peut arriver que le fait du blocus, étant connu du capitaine d'un navire, ne le soit pas du propriétaire du charge-

(1) *Op. cit.*, t. II, n° 116, p. 211.

ment ; ainsi, par exemple, un navire peut avoir commencé son voyage lorsque le blocus du port de sa destination n'existait pas ou n'était pas connu des propriétaires du chargement, et il peut se faire que le capitaine, ayant été informé du blocus dans le cours de son voyage ou en ayant été prévenu à l'entrée du port bloqué, ait persisté à continuer sa marche vers sa destination primitive. Dans ce cas, le consentement du propriétaire du chargement à la violation du blocus ne saurait être mis en cause. On peut supposer encore d'autres cas : celui, par exemple, où un navire a été expédié sur lest pour aller chercher un chargement dans un port qui vient à être mis sous blocus après qu'il y est entré, le propriétaire du chargement n'ayant eu aucune occasion de s'assurer du fait du blocus de façon à pouvoir contremander l'embarquement de son chargement. Dans ces hypothèses, lord Stowell est d'avis qu'il serait dur de rendre les propriétaires du chargement responsables de l'acte de leurs agents dans le port bloqué, attendu que ceux-ci ne sont pas dans la même situation que d'autres agents. Ils ont même un intérêt opposé à celui de la partie principale, leur mandant, intérêt qui consiste à remplir la commission à tout risque, aussi promptement que possible, à leur avantage privé et au mieux des intérêts de leur pays qui, dans un semblable moment, est sous une pression particulière relativement à l'exportation de ses produits ».

Telle est la doctrine anglaise sur la confiscation de la cargaison (1). D'autres auteurs sont encore moins rigoureux. Selon Ortolan (2), la cargaison n'est pas confiscable lorsque celui dont elle est la propriété, n'étant pas le même que celui à qui appartient le navire, peut fournir des preuves qu'il est étranger à la violation du blocus. Gessner est du même avis (3). Blunstschli (4) dit également que la cargaison du navire sera confisquée, à moins que le propriétaire des marchandises n'établisse d'une manière suffisante que la violation du blocus a eu lieu contre sa volonté.

. M. Fiore a, sur les conséquences de la violation du blocus, une opinion particulière et qu'il est intéressant de signaler. D'après lui, la cargaison doit être confisquée, mais le navire lui-même ne doit pas être capturé. Il réfute ainsi la théorie d'Hautefeuille à cet égard : « Tout le raisonnement de cet auteur, dit-il (5), est appuyé sur le principe que le belligérant, en déclarant le blocus, devient souverain du lieu et que l'exercice du droit de blocus est une conséquence de l'exercice des droits de la souveraineté. En traitant la question du blocus..., nous avons démontré que le droit de blocus est un des droits de la guerre. Nous ne voyons autre chose dans la défense d'emporter des objets dans la place

(1) V. HALL, *op. cit.*, § 264, p. 736 ; PHILLIMORE, *op. cit.*, III, 506.
(2) *Op. cit.*, t. II, p. 357.
(3) *Op. cit.* p. 227.
(4) *Op. cit.* art. 840.
(5) *Droit international public*, p. 514.

bloquée ou d'en exporter qu'un droit semblable à celui
par lequel le belligérant défend le commerce d'une
catégorie déterminée d'objets, et nous n'apercevons
pas d'autre différence entre la contrebande de guerre
et le blocus, si ce n'est que la contrebande défend le
commerce d'un nombre déterminé d'objets et que le
blocus étend la défense à tous les objets. Dans le premier cas, le belligérant, ayant intérêt à ce que ces objets nécessaires pour faire la guerre ne parviennent
pas entre les mains de l'ennemi, à son propre préjudice,
en défend le commerce, arrête et confisque les objets
si, contre sa défense, ils sont dirigés vers un port ennemi. Dans le second cas, ayant intérêt pour sa défense
à ce qu'aucun objet n'arrive dans les mains de son adversaire, il défend le commerce de tous les objets et il
ne devrait avoir d'autre droit que celui de les arrêter,
afin qu'ils n'arrivent pas à leur destination si, contre
sa défense, ils étaient dirigés vers la place bloquée.

« Si le belligérant n'a pas de juridiction personnelle
sur les sujets neutres, il ne peut pas les punir ; comment donc pourra-t-il priver un propriétaire de son
vaisseau ? Certainement il ne doit pas craindre que ce
soit le vaisseau qui arrive dans le port bloqué, mais
les objets dont l'ennemi se servirait. Et comment donc
peut-il s'emparer du vaisseau, s'il n'a pas de raison de
punir ?... On me dira que, pour réprimer la violation,
il soumet les violateurs du blocus à la perte du vaisseau ; mais la répression emporte juridiction et elle ne

peut appartenir qu'au souverain sur ses propres sujets
ou sur ceux qui se trouvent dans son territoire : elle ne
peut pas s'exercer sur les étrangers.

« Mais on me répond que par le blocus le belligérant,
étant devenu souverain du lieu bloqué, peut punir ceux
qui y pénètrent, parce qu'ils entrent sur son territoire.
Nous savons que c'est là le plus fort argument, mais
ayant démontré que l'exercice des droits du blocus
n'est pas un effet des droits de souveraineté, mais celui des droits de la guerre, nous nions que le belligérant soit souverain du lieu bloqué. Et qu'on ne me
dise pas que, dans le cas de violation du blocus, le vaisseau est l'instrument principal du délit, parce que nous
ne trouvons aucune différence entre le vaisseau qui
porte la contrebande de guerre et celui qui porte des
objets de première nécessité à une place bloquée. Dans
l'un comme dans l'autre cas, le vaisseau est l'instrument avec lequel on transporte les munitions ou les
vivres ; si donc le vaisseau ne peut pas être séquestré
dans le premier cas, pourquoi le serait-il dans le second ? Nous concluons donc que, pour résoudre logiquement la question qui nous occupe, il est nécessaire
d'admettre les mêmes principes que ceux que nous
avons admis pour la contrebande de guerre, puisque,
entre les deux cas, il n'y a pas d'autre différence que
celle qui existe entre une défense plus étendue et une
défense plus restreinte ».

M. Fiore n'est pas, comme on l'a dit, (1) le seul publiciste qui, en assimilant le blocus à une contrebande de guerre générale, laisse libre le navire coupable de violation de blocus. M. Cauchy a adopté le même système. « Je ne saurais comprendre, dit-il, (2) pourquoi, en matière de blocus, le navire serait considéré comme instrument du délit, tandis qu'il ne le serait pas en matière de contrebande... Le navire neutre est tout aussi bien l'instrument de la contrebande que l'instrument de la violation de blocus... Un jour viendra, j'en ai l'espoir, où le traitement le plus favorable sera, par un principe d'égale justice, appliqué à l'un comme à l'autre cas».

Y a-t-il lieu de confisquer le navire et la cargaison en cas de rupture du blocus ? A notre avis, c'est là la meilleure sanction que l'on puisse apporter à cette infraction. C'est également la seule possible. En effet, le navire doit être soumis à la confiscation par la raison qu'il constitue l'instrument principal du délit. Que l'on ne dise pas que le propriétaire du navire peut être innocent et que, par suite, confisquer sa propriété, c'est le punir injustement d'une faute qu'il n'a point commise : l'armateur est toujours responsable des actes du capitaine qui est son mandataire. Le capitaine est également le mandataire des propriétaires des marchandises qu'il transporte. La cargaison doit

(1) FAUCHILLE, *op. cit.* p. 372.
(2) *op. cit.* t. II, p. 213.

donc aussi être confisquée, mais, si les affréteurs igno-
raient la destination du vaisseau ou le blocus du port
de destination, ils ont un recours en dommages-intérêts contre le capitaine du navire, celui-ci ayant mal
rempli son mandat. On s'est demandé si le séquestre
ne devait pas tenir lieu de confiscation et remplacer
avantageusement cette dernière. Nous pensons que
cette mesure serait inefficace et injuste. En effet, la
cargaison séquestrée jusqu'à la fin de la guerre pourrait se détériorer et diminuer beaucoup de valeur. Ce
serait une perte pour les propriétaires neutres sans
être une source de profits pour le belligérant bloqueur.
On ne peut songer à faire payer par le capteur la valeur des marchandises séquestrées en lui laissant la
faculté de s'en servir, ni à lui permettre d'acheter ces
marchandises au prix courant ou, s'il s'y refuse, à lui
en ordonner la restitution. Ce serait violer les droits du
belligérant, absoudre complètement les coupables, en
leur faisant éviter toute perte, et punir la personne
lésée au lieu de la dédommager.

Si la cargaison doit être confisquée, en même temps
que le navire, il n'en est pas de même des objets qui
sont la propriété personnelle des passagers. La Cour
suprême des États-Unis a décidé que l'argent, porté
par les passagers non intéressés dans l'armement ni
le chargement, et destiné aux dépenses journalières,
n'était pas sujet à saisie. On admet même généralement que les instruments, cartes, effets et hardes,

appartenant aux capitaines et aux hommes de l'équipage, ne sont pas soumis à la confiscation.

Il ne nous reste plus que deux questions peu importantes à examiner. Au profit de qui se fait la confiscation ? Quel est le tribunal qui doit juger de la validité de la capture ?

En premier lieu, c'est uniquement l'État qui profite de la capture des navires de guerre. C'est d'ailleurs lui qui peut être rendu responsable de la rupture du blocus par les navires de guerre, tandis qu'il ne peut l'être aucunement de celle qui est commise par des bâtiments de commerce, même quand ces bâtiments sont organisés spécialement dans le but de violer le blocus, comme il arriva durant la guerre de Sécession américaine, où un certain nombre de vaisseaux anglais méritèrent le nom de « coureurs de blocus, *blockade runners* », et contribuèrent beaucoup à atténuer l'efficacité du blocus, malgré les réclamations adressées par le gouvernement des États-Unis au gouvernement anglais qui les repoussa.

Les navires marchands ou de commerce, au contraire, sont en général attribués au capteur, mais l'État exige certaines prestations de la part de ce dernier (1). Les législations diffèrent à cet égard. Parfois le navire confisqué tombe dans la propriété de l'État, mais, dans ce cas, une rémunération assez forte est

____

(1). Bluntschli, *op. cit.* art. 856.

accordée par lui au capteur. En Hollande (arrêté du
13 décembre 1818, art. 7), la propriété entière des prises est donnée aux équipages des navires capteurs,
sous la déduction d'un quart qui doit être versé dans
le trésor public. Pour justifier les prérogatives de l'É-
tat à cet égard, il suffit de dire que le droit de capturer les navires est une conséquence de la guerre et ne
doit, en principe, appartenir qu'à l'État, la guerre
étant une relation d'État à État et non d'individu à individu.

Lorsqu'il y a, comme c'est le cas ordinaire, plusieurs
vaisseaux chargés du blocus, comment doivent être
réparties les prises faites en vertu de ce blocus? On
accorde généralement à chacun d'entre eux un droit
égal de participation aux bénéfices des prises, même
si certains n'étaient pas en vue au moment de la capture. On suppose que tous font partie d'un même
corps. L'escadre entière doit prendre part au produit
de la prise. Telle est la décision intervenue pendant
le blocus du port de la Valette, dans l'île de Malte, par
l'Angleterre, à l'égard du navire français le *Guillaume
Tell*, capturé par l'escadre anglaise. Il en fut de même
en 1790, lors du blocus de Texel par la même puissance.

Enfin, quels sont les magistrats chargés de vérifier
si la capture d'un navire pour cause de violation de
blocus est légitime ? La pratique générale admet que
c'est toujours le tribunal du capteur qui juge de la

validité des prises. Il est fort douteux que ce principe soit conforme à la justice ; les tribunaux du pays capteur seront toujours portés à favoriser leurs nationaux au détriment de leurs adversaires. Si l'on accorde la compétence, en matière de validité des prises, aux tribunaux du navire capturé, ces tribunaux seront également suspects de partialité en sens contraire. Pour éviter ces inconvénients, on a proposé de faire de ces affaires de prises une question internationale et d'en soumettre le jugement à un tribunal international dont la composition offrirait des garanties d'impartialité aux deux parties : ce tribunal comprendrait des juges appartenant aux deux pays belligérants et d'autres de nationalité neutre. Jusqu'à présent, cette réforme, si souhaitable à cause de son utilité, n'a pu être encore réalisée.

CONCLUSION.

UTILITÉ ACTUELLE DU BLOCUS

Nous avons vu comment le blocus de fictif était
devenu effectif, quels principes le régissent maintenant
et dans quelles limites ils en renferment l'exercice.
Il nous reste à rechércher quelle peut être actuellement l'utilité de cette opération de guerre, si elle conserve une sérieuse efficacité et si certaines découvertes
nouvelles dans la navigation maritime n'en ont pas
modifié ou restreint la portée.

Il n'est pas douteux qu'autrefois le blocus avait des
effets redoutables. C'était le procédé le plus sûr pour
un belligérant d'atteindre le commerce de son ennemi
dans sa vitalité et, par conséquent, de lui ôter ses
principaux moyens de résistance. Dans l'état actuel des
choses, les résultats d'un blocus seraient, en général,
beaucoup moins considérables.

Nous avons fait remarquer quelles conséquences
désastreuses, aussi bien pour les neutres que pour les
belligérants, avaient eu, notamment, le blocus continen
tal et celui des ports du Sud des États-Unis pendant la
guerre de Sécession. Ces blocus, surtout le premier,

étaient loin d'être effectifs, mais ceux qui remplissaient réellement cette condition n'en avaient pas moins des effets importants sur l'ennemi et constituaient pour lui un danger sérieux.

Il est certain que les blocus étaient autrefois bien plus à redouter qu'ils ne le sont actuellement. Quelles sont donc les raisons qui ont amené ce changement dans les résultats du blocus ? Ce sont les modifications survenues dans les conditions de la guerre maritime et ces modifications sont principalement les suivantes.

Il n'y a pas encore très longtemps, les moyens de transport étaient aussi lents que peu nombreux. Les ports, les rades, les embouchures de rivières n'étaient mis en communication avec l'intérieur du pays que par de simples routes généralement mal entretenues. Les relations par la voie de la mer avaient beaucoup d'importance et tenaient la plus grande place. Aussi comprend-on quel bouleversement était apporté au commerce national par le blocus des principaux ports : l'interruption de l'arrivage des navires, occasionnée par ce blocus, mettait ce commerce en péril et le pays soumis à cette mesure était bientôt amené à un état d'infériorité sensible.

Il n'en serait plus de même aujourd'hui. L'application de la vapeur aux moyens de transport a rendu les communications par terre aussi bien que par mer beaucoup plus faciles. Les marchandises dont l'entrée sera interdite par voie de mer dans les ports bloqués pourront, en empruntant d'autres voies, y arriver aussi rapidement. Les inventions modernes contribueront dans une large mesure à ce résultat. Prévenus par le télégraphe et le téléphone, les navires neutres se dirigeront vers les ports les plus voisins des ports bloqués, y déchargeront leurs cargaisons et celles-ci seront transportées dans les ports bloqués par les chemins de fer ou les canaux. Les chemins de fer, dont le réseau s'étend partout de plus en plus, permettront même aux marchandises de faire des détours et d'emprunter un itinéraire qu'il eut été impossible de prendre autrefois.

Ce n'est pas seulement la facilité des communications qui rendra les blocus plus difficiles. Des engins de guerre nouveaux remplissent le même but. Nous signalerons, notamment, dans la guerre maritime, l'emploi des torpilleurs et des sous-marins.

L'invention des torpilles a obligé les publicistes à adoucir la rigueur des conditions qu'ils exigeaient pour l'effectivité du blocus. Les torpilles, en effet, ne contribuent pas uniquement à augmenter sensiblement les difficultés de l'investissement : elles rendent le stationnement et l'immobilité des forces bloquantes beaucoup plus périlleux. La Déclaration du 9 mars 1780 proclamait que, pour la validité du blocus, des vaisseaux arrêtés et suffisamment proches étaient nécessaires. Or, les manœuvres navales accomplies dans ces derniers temps ont prouvé pertinemment qu'une escadre de blocus ne pouvait plus demeurer immobile sans s'exposer à être bientôt détruite par l'ennemi invisible qu'est le torpilleur. Pour résister efficacement aux nombreuses attaques des torpilleurs et éviter ce danger continuel, les navires doivent être soumis à une surveillance de tous les instants. Cette surveillance, surtout la nuit, a pour effet d'occasionner de sérieuses fatigues parmi l'équipage. Aussi serait-on maintenant obligé, en cas de guerre, de renouveler les forces chargées de maintenir le blocus ou d'éloigner au bout de quelque temps certains navires de la ligne de blocus pour permettre aux équipages qui les composent de prendre du repos et d'être remplacés par d'autres.

Un stationnement incessant n'est pas d'ailleurs nécessaire pour une autre raison. Les navires dont la mission est de former le blocus devront changer de place pour tromper l'ennemi, les torpilleurs en particulier, sur leur position réelle, et se soustraire ainsi à ses attaques.

Il résulte de ce que nous venons de dire que l'escadre de blocus, pour se mettre en garde contre l'arrivée toujours à craindre des torpilleurs, ne doit plus maintenant être astreinte à un stationnement rigoureux, comme l'exige M. Fauchille. Il ne faut donc pas donner à l'effectivité du blocus une portée trop large. Ce n'est pas à dire que les blocus par croisières, que nous avons réprouvés en principe, soient devenus licites. Il est bon de se servir pour le blocus de quelques croiseurs parcourant la mer le long des rivages bloqués, mais l'emploi de ces croiseurs ne dispense pas la puissance bloquante d'affecter au blocus d'autres vaisseaux, destinés à conserver une immobilité relative, suffisante pour assurer à cette opération de guerre une effectivité sérieuse.

On s'est demandé si l'usage des torpilles pour l'établissement d'un blocus était légitime. Nous pensons que les torpilles peuvent être employées à cet effet, sans qu'il en résulte une violation du droit des gens. Mais, pour le blocus par torpilles, comme pour le blocus par navires de guerre ordinaires, il est indispensable que l'investissement de la place bloquée soit suffisamment effectif. Par conséquent, les torpilles doivent être placées à une distance telle que leur puissance explosible s'étende jusqu'au vaisseau qui les porte ou jusqu'à la torpille la plus voisine. Il est nécessaire, d'ailleurs, pour un blocus de ce genre, d'avoir recours à d'autres vaisseaux chargés de constater les infractions au blocus et de poursuivre les bâtiments qui s'en sont rendus coupables. Dans ce cas, le besoin d'une escadre volante, comme celle qui est préconisée par M. Fauchille, ne saurait faire aucun doute.

L'Institut de Droit international n'a cependant pas admis la validité des blocus établis au moyen de torpilles. Nous voyons, en effet, dans l'extrait du procès-verbal de la seconde séance de la commission d'études sur le traitement de la propriété privée dans les guerres maritimes, tenue à Zurich le 11 septembre 1877 (1), que l'article 3 du rapport de M. Bulmerincq à cet égard a donné lieu à une discussion sur la nature du blocus. Cet article 3 définissait ainsi le blocus effectif (2) : « Un blocus est effectif lorsqu'il a pour

(1) *Annuaire, de 1878,* p. 113.
(2) *Annuaire,* p. 104.

résultat d'empêcher l'accès du port bloqué, au moyen d'un nombre suffisant de vaisseaux de guerre stationnés ou ne s'écartant que momentanément de leur station ». Divers avis furent émis tendant à assimiler au blocus par navires le cas où c'est par d'autres moyens, tels que torpilles, etc. qu'un port est rendu inaccessible. L'Institut passa outre et reconnut que le blocus, étant une situation exceptionnelle, devait être interprété strictement. L'article 3 fut donc adopté tel qu'il avait été rédigé.

Nous venons de voir que les torpilleurs entravaient dans une large mesure la mise à exécution du blocus. Cette entrave serait maintenant beaucoup plus lourde encore, par suite de la construction récente de nouveaux torpilleurs plus dangereux que les torpilleurs proprement dits, les torpilleurs sous-marins.

Il y a quelques années, le torpilleur était déjà la terreur des flottes de guerre et le cuirassé tremblait devant cet ennemi minuscule qui, en un instant, pouvait complètement l'anéantir. Mais, depuis, plusieurs moyens de défense ont été trouvés pour résister contre ce nouvel ennemi. Le cuirassé fut protégé par des canons à tir rapide et par le filet à mailles d'acier dit Bullivant. Ensuite on construisit des contre-torpilleurs destinés par leur vitesse à barrer la route aux torpilleurs et à les mettre hors de combat. La conséquence en est qu'actuellement le torpilleur proprement dit est insuffisant : il a trop de chances d'être découvert avant d'avoir pu approcher suffisamment pour lancer sa torpille. Aussi a-t-on cherché un engin de guerre plus terrible qui permette de détruire facilement la flotte de l'adversaire.

Cet engin invulnérable, on croit l'avoir trouvé dans le torpilleur sous-marin. Ses avantages sont incontestables : il navigue à la surface et sous l'eau, obéit à la volonté de l'homme beaucoup mieux que les torpilleurs ordinaires et lance avec succès sa torpille. Lorsqu'il est immergé, il est inattaquable. Il est plus dangereux dans le jour que les autres torpilleurs qui doivent être employés surtout la nuit. Cependant, à côté de ces avantages, il y a des inconvénients sérieux : le sous-marin est aveugle sous l'eau et ne peut se diriger que très difficilement, quand il navigue au-dessous de la surface. Sa vitesse est insuffisante pour arrêter les navires en marche, son rayon d'action est assez restreint : il ne peut s'éloigner des côtes ni sortir par gros temps. C'est donc un navire de combat uniquement défensif. Mais, tel qu'il est, il serait d'une grande utilité en cas de blocus et rendrait l'effectivité de cette mesure beaucoup plus difficile.

Lorsque, dernièrement, des expériences furent faites en France avec le torpilleur sous-marin, le *Gustave-Zédé*, la plupart des pays étrangers considérèrent ces expériences comme peu importantes. Un journal anglais, néanmoins, le *Daily Chronicle*, a très nettement indiqué (1) quel parti l'on pouvait tirer de ce nouvel engin en cas de guerre maritime, et particulièrement en cas de blocus. Voici en quels termes il s'exprime au point de vue qui nous intéresse :

(1) Numéro du 20 janvier 1899.

« Les torpilleurs sous-marins peuvent parfaitement servir à un bâtiment de guerre d'éclaireurs invisibles, surveiller et reconnaître les postes et les rivages. Dans de telles opérations ils pourraient rester en communication téléphonique avec les bâtiments auxquels ils appartiendraient. Ils peuvent également servir à l'attaque, aux contremines et à la section des fils de mines...

« Un des avantages particuliers de ces bateaux, lorsqu'ils opèrent contre une escadre de blocus, c'est de pouvoir, pendant une fausse attaque de terre, lui passer sous le ventre et l'attaquer par derrière.

« Pour rendre effective leur défense de l'entrée d'un port ou d'un chenal où le courant est toujours très fort, ces bateaux sont guidés par un léger câble, fixé dans l'eau à cet effet. Cela leur permet de rester en communication téléphonique avec des stations, soit flottantes, soit situées sur terre ferme. Aussi est-il à peine douteux que de tels bateaux montés par des équipages bien exercés et dirigés par des hommes audacieux seraient de dangereux ennemis pour une escadre de combat ou de blocus.

« Si l'on considère l'état de nervosité que la présence d'un simple torpilleur fait éprouver à l'équipage d'un navire et les semi-paniques qu'elle cause, on ne peut mettre en doute le fait que la présence de ces ennemis invisibles et semi-mystérieux mettrait à une terrible épreuve tous les marins qui prendraient part à un blocus ». Aux risques matériels de destruction qui menacent les puissants bâtiments de guerre s'ajoute donc le risque moral, inévitable lorsque les belligérants se sentent soumis à un danger sérieux et invisible.

Telle est, en résumé, l'utilité des torpilleurs sous-marins en temps de guerre. La France en possède maintenant quatre: L'Italie et les États-Unis en sont également pourvus. Mais les Américains, bien qu'ils aient fait de brillants essais avec leurs sous-marins, n'y ont pas eu recours et ne les ont pas utilisés en 1898, dans la guerre de Cuba : il semble qu'ils n'aient en eux qu'une confiance relative. Il n'en est pas de même en France. On a même exagéré beaucoup les effets avantageux qui pouvaient résulter pour nous de l'emploi des sous-marins. On a dit que le cuirassé serait sans défense contre un ennemi invisible qui se glisserait près de ses flancs pour décharger sa torpille, que le séjour le long des côtes ennemies lui serait interdit sous peine de mort et qu'il ne serait en sécurité que dans les ports fermés. Il deviendrait alors inutile, et les batailles navales futures ne se livreraient plus que dans les profondeurs des océans.

Il n'est pas impossible que ce résultat se produise un jour, mais le sous-marin n'est pas encore devenu le roi de la mer et ne peut, à lui seul, remplacer une flotte de guerre. Actuellement, il a encore besoin de perfectionnements : il est délicat, difficile à manier. Le mauvais temps l'empêche totalement de sortir, à moins de s'exposer aux risques les plus graves. Il lui manque des appareils de vision et de direction ; il ne peut être vu, mais il peut être entendu ; ses moteurs ne sont pas encore assez souples et assez puissants. Ces raisons sont sans doute celles pour lesquelles les Anglais paraissent jusqu'à présent ne pas craindre le sous-marin et même le regarder avec dédain. On aurait donc tort, dans l'état actuel des choses, de faire reposer un système de défense navale uniquement sur les sous-marins.

Il n'en est pas moins vrai que le torpilleur sous-marin est une nouvelle entrave considérable qui est venue s'adjoindre à la facilité des communications pour rendre l'établissement des blocus beaucoup plus malaisé. Cependant, quelles que soient les difficultés qu'un pays éprouverait maintenant dans la formation du blocus des côtes de son adversaire, il ne faut pas croire que cette opération de guerre soit devenue sans objet et doive être désormais considérée comme une arme totalement impuissante. Dans les pays lointains, d'abord, le blocus reste une mesure coercitive d'une très grande portée. Il est fort probable que les blocus établis par les États-Unis, en 1898, à Cuba et à Manille, et la faculté de leur donner plus d'extension après la destruction de la flotte espagnole, ont été la raison principale qui a déterminé l'Espagne à se soumettre.

En dehors de là, la situation territoriale d'une puissance pourrait donner une nouvelle efficacité au blocus. L'Angleterre, en particulier, par sa position insulaire qui l'oblige à tirer uniquement ses subsistances du commerce d'importation, serait assez facilement anéantie par un blocus de ses principaux ports effectivement établi. Lorsque Napoléon eût conçu l'idée du blocus continental, il est certain que si cette idée eut été mise à exécution par toutes les nations européennes qu'il avait soumises à ses armes ou attachées à sa fortune, le commerce, l'industrie, la navigation même de l'Angleterre, c'est-à-dire son existence, eussent été mis en péril. Il pourrait, quoique plus difficilement, en être de même aujourd'hui. Cependant, l'Angleterre ne paraît pas redouter beaucoup les effets d'un blocus établi contre elle. Comme le dit avec juste raison M. Dupuis (1) : « Elle aurait sans doute, plus que toute autre, à souffrir du blocus, s'il pouvait, avec succès, être maintenu contre elle. Mais elle sait les difficultés de bloquer l'immense étendue de côtes qu'elle déploie, le nombre de ports qu'elle possède ; elle se flatte de ne jamais voir la Tamise interdite au commerce. Elle compte sur la puissance de ses flottes, elle compte sur les ressources nouvelles qu'offrent à la défense torpilles et torpilleurs. Elle pense être à l'abri des conséquences du blocus ; elle peut espérer s'en servir contre ses adversaires ».

Le blocus pourrait également nuire beaucoup aux puissances qui sont aussi bien continentales que maritimes, comme la France. Le commerce interdit avec les ports de ces puissances pourrait, il est vrai, se faire la plupart du temps par les ports étrangers situés à proximité. Mais les détours imposés aux marchandises augmentent toujours le coût du transport et, par suite, le prix des marchandises transportées. D'ailleurs, il peut très bien arriver que le commerce ne puisse pas se faire autrement que par les ports bloqués :

(1) *Op. cit.*, p. 235.

les pays limitrophes peuvent être hostiles à la puissance mise en état de blocus ou même faire partie de ses adversaires ; leurs ports peuvent être trop éloignés ou difficilement accessibles. Toutes ces circonstances permettraient de conserver au blocus une sérieuse efficacité.

Il n'est donc pas douteux que le blocus ne soit pas encore devenu une opération de guerre inutile. Aussi aucun État, jusqu'à présent, n'a-t-il proposé l'abandon de ce procédé et ne s'est-il montré prêt à le négliger. L'Angleterre, surtout, se refuserait avec énergie à laisser de côté ce moyen d'anéantir ses adversaires. La conception très élastique qu'elle se fait du droit de blocus lui permet de se servir aisément de cette mesure, de n'y consacrer qu'une partie de sa flotte et d'en réduire beaucoup l'effectif. C'est d'ailleurs cette conception qui lui a permis de maintenir si longtemps son monopole commercial. Pour la forcer à appliquer des principes plus équitables, il faudrait une nouvelle ligne de neutralité armée plus forte que celle de 1780 et qui comprendrait toutes les puissances continentales de l'Europe.

Il faut reconnaître, cependant, que la plupart des autres puissances ont restreint la portée du blocus en lui donnant des bases certaines : la question du droit de blocus est même, peut-on dire, l'une de celles qui ont fait le plus de progrès dans le cours du XIXe siècle. C'est la Grande-Bretagne qui a, seule, ralenti sa marche en avant, sous prétexte de n'admettre que les théories les plus conformes à ses intérêts. « Le peuple anglais, dit M. Courcelle-Seneuil (1), considéré comme peuple, n'a jamais reconnu ni respecté les droits des autres au-delà de ce que lui conseillait son intérêt propre le plus immédiat; il n'admet pas au fond l'égalité juridique des peuples qui est la base du Droit international depuis Grotius ».

En même temps que le blocus est devenu, par l'effet des inventions modernes, plus difficile à établir effectivement, il a continué à être pour les neutres une source de vexations et d'entraves apportées à leur commerce. Il semble même qu'il ait maintenant pour résultat de léser plus les neutres que les ennemis. Aussi a-t-on voulu donner au blocus un autre objet que celui d'annihiler le commerce de l'adversaire. On a dit : pourquoi entraver ainsi les relations commerciales du pays ennemi avec les États neutres ou même avec les sujets de la puissance bloquante ? Sur terre, on n'empêche pas les marchandises d'arriver dans les villes ouvertes à la condition qu'elles ne soient pas de contrebande; il devrait en être de même sur mer et le but du blocus devrait être uniquement de mieux contrôler les arrivages pour les places bloquées et d'exercer le droit de visite, sans avoir recours à la traversée des mers en tous sens pour courir à la recherche des navires marchands. Ceux-ci appartiennent-ils à des armateurs ennemis: puisque la propriété ennemie n'est pas encore inviolable, ils seraient saisis et enlevés;

(1) Compte-rendu de l'ouvrage de Sir Henry Summer Maine, intitulé le *Droit International; la Guerre*.

appartiennent-ils à des neutres, l'innocence de la car-
gasion étant constatée, ils devraient avoir le droit
d'entrer et de sortir du port sans autre entrave que la
soumission au droit de visite. M. Godchot (1) considère
comme devant être inscrit parmi les axiomes du droit
international le principe suivant en matière de blocus :
« Le droit de blocus ne peut être exercé qu'en cas
de guerre déclarée et, même dans cette circonstance,
il doit être effectif et limité à l'exercice du droit de
visite : les droits de prévention et de suite sont
abolis. »

On a proposé aussi, pour rendre les blocus moins
pesants à l'égard des neutres, de supprimer ceux qui
ont pour unique objet de porter atteinte au commerce
de l'ennemi et de l'amener ainsi à se soumettre, et de
ne conserver dans l'application que les blocus destinés
à corroborer l'attaque et l'investissement terrestre
d'une place ou à soutenir une opération militaire proprement dite.

Malgré les récentes découvertes dont nous avons
parlé, le champ d'application du blocus est beaucoup
plus étendu que jadis, surtout depuis la Déclaration
du 16 avril 1856. Cette déclaration a accordé aux neutres la faculté de transporter librement à l'ennemi,
non seulement des marchandises neutres, mais encore
des marchandises ennemies, excepté celles qui constituent la contrebande de guerre. Elle a admis égale-

(1) *Op. cit.*, p. 85.

ment l'inviolabilité de la propriété neutre sous pavil-
llon ennemi. Le blocus recevra sans doute encore
bientôt une nouvelle extension dans son application :
e jour où le principe de l'inviolabilité de la propriété
ennemie sous pavillon ennemi sera définitivement consacré par le droit des gens, comme il l'est déjà par
tous les publicistes les plus autorisés (1). Un vaisseau
ennemi, actuellement, peut être saisi dans tous les cas
par un croiseur de son adversaire qui le rencontre,
même en haute mer. La théorie du blocus n'est donc
en ce momeut applicable qu'aux neutres. Elle le sera
aussi aux ennemis lorsque leurs vaisseaux marchands
pourront sans péril se diriger vers les ports de l'autre
belligérant. Le blocus sera alors le seul moyen pour
un belligérant de ruiner le commerce de son adversaire.

Ainsi, les progrès de l'art naval et la rapidité des communications ont modifié et diminué la portée actuelle
du blocus, mais ne lui ont pas enlevé toute sa raison
d'être. La vitesse plus grande des navires a rendu également les blocus plus difficiles, mais il a été obvié
aisément à cet inconvénient. Les cuirassés sont maintenant munis de canons à tir rapide et d'une portée très
étendue et l'artillerie reçoit de jour en jour de nouveaux
perfectionnements. Le belligérant bloqueur peut donc,
à ce point de vue, maintenir un blocus aussi effective-

---

(1) Il a été admis dans plusieurs guerres de la seconde moitié
de ce siècle. notamment par l'Autriche, en 1866, et la Prusse. en
1870, ainsi que par le traité conclu, en 1871, entre l'Italie et les
États-Unis.

ment qu'auparavant. En outre, si les torpilleurs et les sous-marins sont de redoutables adversaires pour une escadre de blocus, il faut bien remarquer que, d'un autre côté, ils peuvent eux-mêmes servir à l'établissement de ce blocus et contribuer dans une large mesure à son efficacité : leur grande utilité à cet égard n'est pas douteuse.

Le blocus, actuellement, conserve donc la même efficacité qu'autrefois et l'on est toujours en droit d'en espérer des résultats sérieux. Nous avons vu, à propos du blocus continental, qu'il pouvait être utile même à un pays bloqué, en stimulant son génie commercial. L'industrie, en France, reçut à cette époque un nouvel essor. Maintenant encore, en privant un pays de ses débouchés, le blocus peut avoir pour effet d'activer son industrie. Il peut aboutir à des découvertes importantes, avoir pour conséqnence la création et le développement des établissements industriels dont le but est de fabriquer les produits que le blocus empêche d'importer.

En résumé, le blocus, dans l'état actuel des choses, n'est plus aussi aisément praticable qu'au début de ce siècle. Dans la prochaine guerre maritime, le belligérant bloqueur qui voudra avoir recours à cette opération de guerre ne devra y affecter qu'une partie de sa flotte. Au bout de peu de temps, lorsque les équipages seront épuisés, il devra substituer d'autres vaisseaux à ceux qui auront été primitivement chargés de maintenir le blocus. D'autre part, l'escadre de blocus ne devra pas, pour échapper aux ennemis invisibles qui la harcèleront, rester complètement stationnaire. Une partie au

moins de cette escadre devra même se déplacer continuellement pour exercer une surveillance rigoureuse.
Il serait même avantageux pour le belligérant d'employer surtout au blocus les torpilleurs sous-marins,
particulièrement lorsqu'on aura remédié aux inconvénients qu'ils ont encore et lorsqu'ils auront fait les
progrès qu'il est permis d'attendre de ces nouveaux
engins.

Le blocus conserve, malgré tout, une grande portée :
son objet est toujours de frapper le commerce de l'ad_
versaire ; il a le caractère d'une véritable interdiction
de commerce comme jadis, bien que cette interdiction
soit soumise à certaines conditions, sur l'application
desquelles, d'ailleurs, comme nous l'avons vu, les puissances ont une manière de voir différente. Lorsque la
liberté du commerce, aussi bien ennemi que neutre,
sera définitivement admise en temps de guerre, le
blocus demeurera le seul moyen de restreindre indirec_
tement cette liberté et de revenir d'une manière dé-
tournée à l'ancienne interdiction. Cette défense de com_
mercer devra être observée, tant qu'elle sera sanctionnée effectivement et dans la mesure où elle le sera.

Les entraves considérables que le blocus apporte au
commerce des puissances neutres ne sont-ils pas un
poids qui vient s'ajouter aux désastres occasionnés par
les guerres pour faire pencher davantage la balance
du côté de la paix générale ? C'est notre avis. Malheu_
reusement, il est à craindre que si, malgré toutes les
difficultés que comporte cette solution, la guerre venait
à être supprimée en principe, le blocus ne le serait

pas. Il constituerait la suprême ressource que pourrait employer un peuple pour dominer son adversaire et l'histoire est là pour nous montrer que ce n'est pas l'Angleterre qui donnerait l'exemple d'une conduite opposée.

Vu : Le Président de la Thèse,
RENAULT.

Vu : Le Doyen,
GLASSON.

Vu et permis d'imprimer :

Le Vice-Recteur de l'Académie de Paris,
GRÉARD.

TABLE DES MATIÈRES

9 782019 667290